Helen Meier
Kleine Beweise der Freundschaft

Die Herstellung dieses Buches wurde unterstützt durch:
Kulturförderung Appenzell Ausserrhoden, Südkultur,
Migros Kulturprozent. Diesen drei Institutionen sei an dieser
Stelle herzlich gedankt.

Südkultur

MIGROS
kulturprozent

1. Auflage
Alle Rechte vorbehalten
© Xanthippe Verlag, Zürich 2014

Lektorat: Katharina Blarer, katharinablarer.ch
Korrektorat: Thomas Basler, Winterthur
Umschlag, Gestaltung und Satz:
Isabel Thalmann, buchundgrafik.ch
Umschlagfoto: plainpicture, Hamburg
Druck: Druck: Prime Rate Kft, Budapest
ISBN 978-3-905795-32-5

Helen Meier
Kleine Beweise der Freundschaft

Geschichten und Texte

Xanthippe

Inhalt

I Geschichten

Oben 9
Mein Herz ist betrübt 12
Wunderlich 21
Eros 23
Anspruch 25
Zeitvertreib 27
Grevasalvas 31
Der Mantel 36
Kleine Beweise der Freundschaft 38
Trompe-l'œil 43
Istsiedas? 46
Gesichtspunkt 50
Lass sie reden 55
Abschälung 57
Cannobio 63
Die Zahl 70
Bild 74
Der Übersetzer 80
Liebe 87
Eins 99
Zwei 102
Möglich 105

II Texte

Meinen 111
Haben Sie Humor? 114
Palaver 117

Liebe und Hass	123
Wunsch-Kinder	126
Fallbeil	130
Zufall	131
Landgut	134
D i e Frage	137
Gnaden	140
Bergtour	142
Foto	144
T-Gruppe	146
Isa	148
Knüppel	150
Glück	152
Nicht zu retten?	154
Lebenslänglich	157
Einmal	160
Tristesse	161
Lebenslauf	163
Kern	168
Der Beweis	170
Higgs	172
Doppelstrich	173
Erzählen	174
In Kreisen	175
Taub	177
Nur dieses eine	178
Reden	180
Simulation	182
Sonderbarer Morgen	185
Zerrissen	187
Ohne Titel	188
Rückkehr	189

I Geschichten

Oben

Er ist am Schaufeln einer Grube. Statt aufzuhören, macht er weiter. Aufhören ist schwer. Schaufeln ist leichter. Leicht ist das Gefühl, die Anzahl seiner Jahre seien weggewischt. Er könnte wieder einmal Goethe lesen. Jeder sehe zu, wie er's treibe. Zusehen, wie's der getrieben hat, mit achtzig noch an seinem Hauptwerk, ist schwerer als schwer. Er schaufelt. Das ist besser als Nichtstun. Nichtstun macht ihn depressiv. Sein Lebensmut wird erschüttert. Früher hat er sich mit gut Essen und Trinken noch aufgeheitert. Das geht nicht mehr. Sein Appetit hat nachgelassen. Hat die Bedeutung, die er sich selbst gegeben hat, nachgelassen? Die Bedeutung, die die Welt ihm schuldete und auch gab. Den Blick auf die Folge seiner Werke an der Wand im Zimmer mit Sicht auf den See meidet er. Er will keine Beunruhigung. Er könnte versucht sein, eines der Bücher herabzunehmen, und die Seiten wären mit irgendwas Falschem gefüllt. Das ihn nichts angeht. Das nicht sein Wort ist. Kann Lebensarbeit verschwinden? Nicht nur das Nicht-mehr-verlangt-gekauft-geschätzt-Werden ist es, das Vergrabensein in Bibliotheken, tief in den hintersten Ablagerungen, platzmangelhaft entsorgt, digitalisiert, in Behälter gesperrt, nicht nur das mit Bits und Bites der Vergessenheit Anheimgefallene ist es, was ihn beunruhigt. Nicht solch zermürbende Folgerichtigkeit ist es, die ihn treffen wird, die auch alle andern, unter seinem Rang, getroffen hat. Es ist das Gelöschtsein im Hirn seiner ehemaligen Bewunderer, mehr noch der Bewunderinnen, nebst all den unvermeidlichen Kränkungen der Vergänglichkeit, was ihn verletzt, ängstigt und zwingt, weiterzumachen. Um den beschleunigten Verschleiss der Schriftsteller weiss er, hochgelobt und alsbald niedergeschmettert werden die meisten, aber ihm geschieht das nicht, ihm nicht. Er ist oben, und er hat die Absicht, dort zu bleiben. Er schaufelt. Beim Schaufeln der Erde, die, auf den Haufen geworfen, ihm entgegenbröckelt, kann ihm etwas einfallen. Worte aus Wirtschaft, Gesellschaft, Wissenschaft, die er mit Fakten aus dem Internet – sofern sie wahr sind, wer mag das schon prüfen – auffüllen muss, ein amüsierender Plot wird ihm einfallen. Er schlurft in sein Arbeitszimmer mit Blick auf den See und schreibt. Das Notieren, Füllselsammeln nennt er es, welches immer wieder viele seiner vielen Sprachgebilde, Jahre zuvor geschaffen, unverbraucht aus ihm hervorlockt, befriedet ihn. Sein nächstes Werk entsteht. Noch wird er gedruckt und gelesen. Er gehört in die Reihe der Unsterblichen. An Fleiss hat es ihm nie gemangelt. An Talent auch nicht. Er vermeidet das Wort Gnade. Auch an ihr hat es ihm nicht gemangelt. Andere würden sagen Glück. Wieso sollte sein Schreiben ein Ende haben. Nicht viel hat ein Ende, solange er an sich glaubt. Solange er die Kraft hat, die Schaufel zu füllen, zu heben, mit Schwung zu entleeren. Natürlich ermüdet er rascher als früher. Er entdeckt sich bei Wiederholungen, schlimmer noch, bei Repetitionen früherer Wortschöpfungen. Solange er das bemerkt, ist es nicht schwer, solches zu eliminieren, zu verschleiern oder neue Kombinationen zu finden. Sein Erlebnisreichtum vermindert sich. Nicht abwendbare Verluste, die später, durch den Verlauf des Marktes, wieder ausgeglichen sein werden. Wird er je aufgeben? Nein, nie, solange ihm noch etwas einfällt. Er ist am Schaufeln seiner Grube. Er macht das, was alle machen. Bei ihm ist das natürlich ganz was anderes. Er hat den Glauben an sich und an die Kultur. Schriftkultur, unendliche Gedanken- und Bilderwelten in Zeichen gefasst, Geschichte des Inwendigen, das, zum Auswendigen geformt, wieder in sich zurückgenommen sein muss. Ungünstige Kritiken berühren ihn nicht, nicht mehr. Rezensenten, rezensierende Weiber, die nicht viel Ahnung haben, was Schreiben heisst, Fettsäcke, Schlitzgeigen an Schreibtischen voll beschriebener Blätter und gefütterter Computer sollen machen, was sie meinen, machen zu müssen. Er weiss, was Schreiben heisst. Ohne Vorgabe Blatt um Blatt füllen mit Fleisch und Geist, verwandelt in widerspenstige, gefährdete Sprache. Er wischt sich den Schweiss vom Gesicht, geht ins Arbeitszimmer, sinkt auf der Liege in Schlaf, in seine Himmelsgabe, die er unzählige Male, in allen Formen, beschrieben hat.

Mit dem Wort «Veraltet!» im Ohr erwacht er. Was? Was muss neu angeschafft werden? Er steht auf, geht hinaus, blinzelt, hockt auf den Haufen. Die Grube ist zu tief. Er wird Erde zurückschaufeln müssen. Ausserdem ist sie am falschen Ort. Wie seltsam müde er sich fühlt.

Sie ist nicht am falschen Ort, sagt sie, sie ist genau dort, wo sie hingehört. Nütze deine vielleicht letzte Gelegenheit. Zuerst war der Mythos, dann das geflügelte Pferd, sagt sie, das wurde gemalt, das Malmaterial verschwand, die Vorstellung des Bildes verschwand, das Bild selbst, das Wort verschwand, das für das Bild stand. Trage das Wort. Halte es. Es darf nicht rutschen. Stirb in den Sielen.

Er erwacht. Er lächelt. Seine Sie ist wieder da. Stets hat sie sonderlichen Rat gewusst.

* * *

Mein Herz ist betrübt

Die Winter dauerten länger von Jahr zu Jahr, Winter mit Schneeschmutz auf kahlem Lande, Garagenausfahrt vereist, bedeckt vom Flaum der Nacht, und er, mit seinem operierten Fussgelenk, wurde gequält vom Gedanken auszuglitschen, liegenzubleiben, Hermine ausgeliefert, seiner sechsundachtzigjährigen Frau. Er ist noch lange nicht alt, nicht einmal achtzig. Vor nicht langer Zeit auf die Welt gekommen fühlte er sich, wenn er die Alte nicht anschaute. Wenn sie schlief auf dem Sofa vor dem Fernseher, tat er es mit Grausen, einem Erschrecken vor der Kraft des Altseins, vor der Verwüstung an Gestalt und Gesicht. Seit Jahren war sie ihm immer fremder geworden. Buckel unter ungebügelter Bluse, zerbeulte Füsse in ausgelatschten Hausschuhen, Knochenbeine in uralten Jeans, das sollte einst seine Frau gewesen sein. Er hörte die Einwände der jungen Pfarrerin, die nicht ahnte, dass er sie nur wegen ihres hübschen Aussehens besucht hatte, die ihm von der wahren Liebe erzählte, von Liebe, die, nicht mehr von Äusserlichkeiten genährt, immer wahrer würde. Als ob das Äussere unabhängig vom Inneren existierte. Hermine war auch innerlich wüst geworden, davon war er überzeugt. Das Einzige, was sie noch interessierte, war Geld. Wenn sie telefonisch Order gab, brachte ihr ein Banker Bargeld, das sie sofort im Safe einschloss. Ihre geäderten Hände in weissen Handschuhen, blätterte sie ihm den Lohn für seine Hausmannsdienste auf den Tisch, schob ihm, was ihn besonders demütigte, ein Taschengeld hinzu. «Damit du nicht zu viel säufst», sagte sie, legte einen Hunderter wieder in den Stoffbeutel zurück, den sie unter ihrer Bluse trug. Er liess sie gewähren, lächelte. Der Tag, an dem sie die Steuererklärung mit Hilfe eines Beraters beendete, wurde jedes Mal zu einem besonderen Tag. Ihr Vermögen hatte sich neuerdings vermindert, diese entsetzliche Finanzkrise, sagte sie, vorübergehend, sagen meine Banker, wie gut, dass wir beizeiten diversifiziert haben, sie griff zum Telefon, bestellte ein Festessen. Sie kümmerte sich nicht mehr um den Haushalt. Organisation der Lebensmittellieferung, Schneeräumung, Hausreinigung, Heizung, Wäscherei, Gartenarbeiten waren ihm überlassen. Er besorgte alles mit Gründlichkeit, besprach sich mit Lieferanten, mit Handwerkern, Gärtnern, Putzfrauen. «Wissen Sie», sagte er zu ihnen, «in ihrem hohen Alter hat meine liebe Frau jeden Sinn für den Wert des Geldes verloren. Dazu der Altersgeiz, Sie wissen ja, wie das so ist.» Sie nickten verständnisvoll, er drückte ihnen eine Note in die Hand, und sie sandten ihm zwei Exemplare ihrer Rechnungen, das eine mit der richtigen Summe, das andere mit einer überhöhten. Die folgenden Male genügte ihm ein «plus zwei» oder, je nach Arbeit, Aufwand und erwarteten Kosten, «drei, vier, fünf Hunderter», es genügte ein «plus sechs, sieben, acht Tausender». Hermine stellte ihm eine Bankvollmacht aus über den von ihr errechneten Betrag. «Das Leben wird immer teurer, wissen diese unverschämten Handwerker eigentlich noch, was sie verlangen dürfen?», sagte sie. «Brauchen wir denn einen Gärtner?» Er fuhr mit der Vollmacht zur Bank, hob das Geld ab, ging zur Post, bezahlte auf altmodische Weise mit Einzahlungsscheinen, die er, in kleinste Fetzen zerrissen, in Abfallbehälter warf. Auf ihr fehlendes Interesse am monatlichen Bankauszug konnte er sich verlassen. Er war es, der alle Morgen den Briefkasten leerte, die Kuverts der Bank liess er verschwinden. Mit der Zeit wurde er mutiger, stellte fingierte Rechnungen aus über Neuanschaffungen von Haushaltapparaten, über Anpflanzungen, Weinlieferungen, Säuberung der Einfahrt. Als es ihm gelang, aus einer Teilrenovation der Fassade während ihrer Kurabwesenheit eine Totalerneuerung zu machen, fühlte er beinahe jene vergessene Kinderfreude ersten selbstverdienten Geldes. «Wir brauchen zu viel», meinte sie, «wir müssen sparen.» «Sei du froh», antwortete er, «dass ich dein Hausbeamter bin, stell dir vor, wir müssten eine Köchin beschäftigen, was die kosten würde. Das Kochen war schon immer meine Liebhaberei, erinnerst du dich?» «Ich erinnere mich an alles», sagte sie. Er lächelte. Sie vergass, dass sie sich nicht mehr erinnerte. Er hatte zeitlebens vom Reichtum seiner Frau gelebt, sein Gehalt eines Beamten hätte ihm seinen Lebensstandard nicht erlaubt. Mit ihrem und seinem Altwerden war alles anders geworden, das Ferienhaus verkauft, Reisen erschöpften ihn, Tennis, die langbeinigen Mädchen, das Plaudern, Trinken auf weissen Stühlen unter Sonnenschirmen, war vorbei, Golfspiel Erinnerung; an die teuren Wagen hatte er sich gewöhnt, und was das Schlimmste war: vorüber die freie Verfügbarkeit über ihr Geld. Die Hand ausstrecken wie ein Diener musste er. Einmal fragte er sie: «Warum hast du mich armen Schlucker eigentlich geheiratet?» Sie antwortete vergnügt: «Aus einem noch absurderen Grund wie du mich, wegen deiner Schönheit, doch Schönheit, im Gegensatz zum Geld, vermehrt sich nie.»

Je öfter er sie zwanghaft anstarrte, umso beunruhigter, angewiderter wurde er. So wie sie würde er in wenigen Jahren sein, eine vegetierende Mumie, ein wackliges Knochengestell. Neben ihr stand er in Gefahr, von der Vergreisung überrollt zu werden. Er vermied ihren Anblick, verbrachte die Abende in seinen Räumen. Am Fernseher liefen Krimis, die ihn nicht interessierten, er schaute sie sich an, trank. Neuerdings hatte er unlöschbaren Durst. Während der Mittagsmahlzeiten las er Zeitung. Nachmittags fuhr er oft in die Stadt – nicht ohne vorher gerufen zu haben: «Falls dir nach einem Abendimbiss zumute ist, musst du ihn dir selbst besorgen!» Er spazierte, um sich Bewegung zu verschaffen, in den schneefreien Gassen der Altstadt, ging an Anlässe, stets dieselben, ging in Kinos, stets dieselben. Er blieb in seiner Stammbar sitzen, «mixen Sie mir etwas, was ich noch nie gehabt habe». Er gestattete sich bloss ein einziges Getränk, betrank sich nie. Tröpfelte die Langeweile aus ihm selbst, ein trüber Schleim? Oder kroch sie ihm aus den Dingen entgegen, aus den Menschen, die Jungen an ihm vorübereilend, die Alten herantapsend, neben ihm sitzend auf fetten Ärschen, abstossend die meisten. Seit es im Kiwanis, dem Club, dem er seit Jahrzehnten angehört hatte, lauter Junge gab, über die er nichts wusste – seine Freunde gestorben, zu alt oder senil geworden –, mied er die Zusammenkünfte. Was hatte er früher, in all den Jahren nach der Pensionierung, getan? Wie hatte er während der Arbeitsjahre seine Freizeit verbracht? Hatte er überhaupt existiert? Manchmal zweifelte er daran. Einzig beim Autofahren verliess ihn die Betrübnis. Er liebte das Gleiten, bequem in das weiche Polster zurückgelehnt. Seine Augen waren das Beste an ihm. Erstaunlich, sagte sein Augenarzt. Sie brauchen noch keine Fahrbrille. Die automatisierten Bewegungen seiner Hände, seines Fusses, das lautlose Heran-und-unter-ihm-weg-Gleiten des beleuchteten Asphalts behagte ihm. Auf wechselnden Umwegen verliess er die Stadt, fuhr auf erweiterten Rückwegen über nächtliches Land. Manchmal kehrte er sehr spät nach Hause zurück.

Als er eines Nachts die Türe zum Untergeschoss öffnete, sah er sie unten im Gang liegen, den Kopf auf der untersten Stufe der Steinstiege. So unhörbar als möglich stieg er langsam hinunter. Blut war unter ihren Haaren hervorgesickert, die Lider lagen geschlossen in ihren Höhlen, ein Bein lag schief unter dem quergestellten andern. Er beugte sich zu ihrer Nase, spürte keinen Atem, hielt sein Ohr hin, hörte nichts. Er berührte sie nicht, ging die Treppe hinauf, schloss leise die Tür und ging zu Bett. Am Morgen genehmigte er sich zuerst seinen Kaffee, ohne den war er nicht handlungsfähig. Dann öffnete er die Tür zum Untergeschoss. Sie lag nicht mehr unten. Er erschrak, setzte sich in die Küche und überlegte. Ihre Verletzung war also nicht gravierend gewesen. Die Frage war: Hatte sie sein Herunterkommen bemerkt oder nicht? Wenn ja, musste er die Unterlassung der Hilfe begründen, wenn nein, wusste er nichts von ihrem Sturz. Er ging an ihr Schlafzimmer, klopfte, rief: «Hermine, Frühstück!» Er öffnete die Tür einen Spalt, sah sie im Bett liegen, den Kopf umwickelt mit einem verrutschten Verband. «Mein Gott», sagte er, «was ist geschehen?» «Weiss es auch nicht», sagte sie, «vielleicht bin ich gestürzt.» Er suchte ihren Blick, der sagte nichts. «Wo gestürzt?» «Ich weiss es nicht mehr, wahrscheinlich hab ich eine Hirnerschütterung, bleibe einen Tag im Bett.» «Warum hast du mich nicht gerufen, ich hätte dir geholfen. Ich telefoniere jetzt sofort dem Arzt.» «Ach nein, nicht nötig, ich brauch nur etwas Ruhe.» «Bist du sicher?» Sie schwieg. «Willst du etwas essen oder trinken?» «Nein, nichts.» «Also, schlaf gut, bis später, ich rufe den Arzt.» Nicht beruhigt, verliess er ihr Zimmer.

Er begleitete ihn nach oben. «Herr Doktor», sagte sie, «es geht mir schon besser, ich hab mir den Kopf umwickelt, um etwas Halt zu finden, glücklicherweise wurde ich nicht verletzt.» Der junge Mann nahm ihr den Verband ab, betastete Kopf und Glieder, verordnete Bettruhe, gab ihr eine Spritze, erteilte ihnen beiden Verhaltensregeln, fuhr wieder weg, und er schlich die Treppe hinab. Er sah kein Blut mehr. Hier war nie Blut gewesen, er musste sich getäuscht haben. Am zweiten Tag begann sie zu essen, zu trinken, nach drei Tagen stieg sie aus dem Bett. Sie sprachen nicht mehr über den Fall.

Er dehnte seine nächtlichen Fahrten aus. Die Lichter der Dörfer waren Goldpunkte am Firmament, die dunklen Hügel verschmolzen mit der Nacht, die Fahrbahn war das Band, das ihn zog, er vergass die Sinnlosigkeit, fühlte sich aufgehoben im warmstarken Wagen, der leise, zuverlässig, weich dahinschwebte, gleichgültig wohin, irgendwo würde er ankommen, irgendwann zurückkehren. Das Garagentor öffnete sich, er blieb noch eine Weile sitzen, fühlte entspannte Müdigkeit, stieg die Treppe hoch, ging ins Wohnzimmer, trank auf dem Sofa breit hingeflätscht den ersten guten Schluck, dimmte die Stehlampe, er mochte es, im Halbdunkeln, den Nacken im Polster, im Kopf ein sanftes Nichts, auf den Vorschlaf zu warten.

Ende April fiel nochmals Schnee bis in die Niederungen, die Temperatur sank nachts unter null. Er überlegte sich, ob er seinen Termin in der Klinik in Zürich – zweimal im Jahr liess er sich gründlich medizinisch untersuchen – verschieben sollte, wies den Gedanken von sich. Wenn er anfing, sich bei widerlichen Wetterverhältnissen eine Autofahrt zu verbieten, wurde das Haus ein Gefängnis. Der Arzt gratulierte ihm zu seinem Gesundheitszustand, er ass mit einem Freund aus Seglertagen in einem Hotel am See zu Abend, fuhr spätnachts aus dem Frühling in das winterliche Appenzellerland zurück. Wieder kam ihm der Gedanke, warum sie nicht irgendwo an einem See wohnten, im Garten würden jetzt die Primeln blühen, die Forsythien, bald die Magnolien, der Flieder. Er musste sie überzeugen, dass sie sich entschliessen sollten, das Haus zu verkaufen, für die Suche nach einem bequemeren, südlich gelegenen. Beim notwendigen Umzug hätte sie keinen Finger zu rühren, für alle solchen Dinge gäbe es Häusermakler und Umzugsfirmen. Er würde sie in ein Kurhotel bringen und alle Umtriebe auf sich nehmen. Das Garagentor ging auf. Die Türe hinauf ins Haus war nicht zu öffnen, was ihn nicht wunderte; wenn er den ganzen Tag abwesend war, verschloss sie alles Verschliessbare. Er schritt schnell über den Vorplatz, vorbei an den schneebedeckten Sträuchern, die Lampen an den Hausecken und über der Mauer gaben Licht. Plötzlich glitt er aus, stürzte, schlug hart auf. Schock, Schmerz, Erinnerung explodierten durch sein Gehirn: Oberschenkelhals! Der schreckliche Schmerz, er wusste, was er bedeutete. Warum hatte er nicht an diese verdammte verfluchte heimtückische vermaledeite Vereisung gedacht. Stöhnend, schluchzend drehte er sich langsam auf den Rücken, ächzte, fingerte in seiner Jackentasche nach seinem Natel. Hermine hatte das ihre nicht auf Empfang. Das Geklingel im Wohnzimmer hörte sie nicht. Was aber war mit dem Schnurlosen in ihrem Schlafzimmer? Wahrscheinlich irgendwo entladen liegengelassen. Irgendeine Notfallnummer! Wo war sein Gedächtnis? Sein Schweiss wurde kalt. Panik überfiel ihn. Die Lampen erloschen. Die Polizei! Die Finger seiner zitternden Hand gehorchten ihm nicht. War er am Kopf verwundet, hatte er eine Hirnerschütterung? Er schloss die Augen, mit «ruhig, ruhig» versuchte er sich zu beruhigen. Vorsichtig schob er sich in eine weniger verkrampfte Lage, streckte langsam das andere Bein. Wo war sein Nacken, wo waren seine Arme, seine Hände? Ihn durchschwamm ein dünnes Erinnern: Meine beiden Arme sind ganz schwer, meine Arme sind ganz schwer! Im Halbbewusstsein drehte er die Handflächen, öffnete sie, seine Kinnlade fiel nach unten, und er fühlte für einen Moment Ruhe. Er zuckte zusammen, was für ein Narr er doch war! Wild tastete er nach dem Handy, wohin war es entglitten? Als er ruckweise den Oberkörper bewegte, spürte er einen stechenden Schmerz in der rechten Hüfte. Stöhnend sank er zurück, rief um Hilfe. Es hörte ihn niemand. Nach einer Weile schreckte er auf, ihm war – wie lange? – das Bewusstsein entglitten. Ihn fror. Nicht einschlafen! durchfuhr es ihn. Weinte er? Lange hatte er nicht mehr geweint. Er verbot es sich. Ein Stöhnen aber liess er zu. Es hielt ihn wach, erleichterte ihn. Aber es verbrauchte unnötig Kraft. Er wollte an Hitze denken, an Wärme, an Sonne, an Frühlingslicht. Eine Weile gelang es ihm, dann stürzte er in Todesangst. Er schrie, hörte auf zu schreien.

Das Geräusch kam von der Haustüre. Er hob den Kopf. Im Licht der Flurlampe sah er Hermine. Sie bückte sich, liess etwas rollen, schritt darauf zu ihm her. Sie trug einen Klappsessel, stellte den Sessel wortlos neben ihn, setzte sich. Er erschrak. Sie beugte sich starren Blicks zu seiner Nase, zu seinem Mund nieder, drehte den Kopf, als horche sie auf seinen Atem. «Eine kleine Weile musst du noch auf den Krankenwagen warten, damit du spürst, dass es ernst ist», sagte sie. «Bei mir war es ein Scherz.» Sie erhob sich schwankend, ging auf dem Läufer zum Eingang zurück, drehte sich nochmals um. «Kübel voll Wasser habe ich hergeschleppt, aber es nützte was», hörte er. Die Tür fiel ins

Schloss. Ihr Sturz! Vorgetäuscht! Und er war dumm genug gewesen, ihn zu vergessen, sie zu unterschätzen. Eins zu null!, dachte er mit Grimm. «Brich dir das Genick, verdammtes Biest», murmelte er, schnaubte wie ein Ross, «aber nicht, bevor ich dich wiedersehe.» Er lag wieder im Dunkeln, zitterte. Dann hörte er ein Auto, es hielt, fuhr wieder weg. Als er es wieder hörte, ging das Aussenlicht an. Auf der Bahre liegend, sah er sie in der offenen Haustür. «Sweetheart», rief sie, «komm bald wieder, mein Herz ist betrübt!» Und ihn übernahm der Schlaf gnädiger Medizin.

* * *

Wunderlich

Die Pflanze, vor der sie stehe, sagt der Gärtner, sei eine Agave ferox, nachdem er sie eine geraume Zeit durch seinen botanischen Garten geführt hat, in dem es unzählige Gewächse gibt, Pflanzen aus verschiedenen weit entfernten, auch nahen Ländern, hohe, niedere, kriechende, strebende, alle aufrecht sich reckend mit Stielen, Ästen, Zweigen, Stämmen und Ablegern, jungen, alten Trieben, Schösslingen, Blattwerken, alle unter den wachsamen, ja liebenden Augen dieses Gärtners, der für guten Humus besorgt ist – nicht zu sauer, nicht zu alkalisch, mit geeigneter Mischung aller Mineralien, nicht zu fett, zu mager, nicht zu trocken –

und deshalb für abgemessen richtige Feuchte elektronisch gesteuerte Sensoren in die Erde gesteckt hat. Agaven, es gebe mehrere hundert Arten, lebten sehr lange, oft seien ihre Jahre nicht genau zu zählen, wie es auch bei diesem Exemplar der Fall sei, das Seltsame aber sei, dass sie nur ein einziges Mal in ihrem Leben blühten, er habe diese Agave ferox noch nie blühen sehen, hoffe sehr, dieses Ereignis noch zu erleben, ein einziges Mal sammle sie ihre Kräfte für einen festlichen Aufbruch, bündle sie in einem prachtvollen Blütenkorb, in einer glühenden Farbe, die er nicht näher beschreiben könne, da er sie nur auf Abbildungen gesehen habe, und blühend hätte sie alles aufgebraucht, was noch substanziell in ihr gewesen sei, lasse die Samen fallen und sterbe. Sie sterbe schnell, ergeben in die Gesetze des Seins, jedoch ohne das langsame Altwerden durchgestanden zu haben, meint der seltsame Gärtner, ein schwarzhaariger Mann im besten Alter, mit kräftig gedrungenem Körper, einer Hand, die vor keiner Arbeit zögert und doch fein gestaltet ist. Woher er das alles habe, wundert sie sich, er aber lacht, seine Leidenschaft sei es, in all den Gewächsen – ob stämmige, ob luftwehende – Lebewesen zu sehen, mit den ihnen eigenen Bedürfnissen, Nöten und Glückszuständen, ähnlich den Menschen und doch ihnen entrückt. In ihnen allen, meint er, sei eine Gestaltungskraft am Werk, von der er annehme, dass sie der menschlichen Kraft überlegen sein müsse, denn die Pflanzen seien wahre Künstler in der beneidenswerten Durchführung ihrer eigenen speziellen Wachstums- und Todesmöglichkeiten.

***

Eros

Sie sammeln Kunst. Die Skulptur steht im Garten, die Bilder hängen im Haus, das karg möbliert ist, und falls das Auge, was nicht zu erwarten ist, auf ein Möbelstück fällt, ist es ein erwähltes, ohne Anspruch auf Präsentation. Der feinstrukturierte Fussboden ist aus geschliffenem Beton, Wände sind unsichtbar. Nichts stört die Harmonie. Bücher füllen einen Raum, Bildbände über die Kunst des 20. Jahrhunderts. Das Ehepaar ist berufstätig auf dem Gebiet der Geldanlagen und Geldvermehrung. Auf die launige Bemerkung der Eingeladenen, Sie wüssten sicher, was Geld sei, sagt der Mann lächelnd, Geld ist das einzig unersetzbare Ding an sich, es allein kann durch alle anderen Dinge ersetzt werden. – Und die Dinge, die keine Dinge sind? – Über die ist der Markt der Meinungen offen, die Preise im Dunkeln. – Und die andern Betrachtungsweisen fern von allen Tauschwerten? – Er lächelt zufrieden, schweigt. Trügt der Schein, oder ist sein Inneres in zweifelloser Mässigung. Gekleidet ist der Mann unauffällig, mit properer Unachtsamkeit, seine Stimme flach, ohne Erhebung, er hat ihr, der Eingeladenen, geräuschlos die Haustüre geöffnet, ist vor der Eintretenden zurückgewichen. Seine Frau hat seit der Begrüssung noch kein Wort gesprochen, lehnt erschöpft in einem langen fliessenden Kleid mit übereinandergelegten Beinen in der Sofaecke, dreht einen Fuss in ihrem weichen schmalen Hausschuh rundum, beugt ihn auf und ab. Sie stützt den Kopf mit einer ringgeschmückten, gepflegten Hand, hält die Lider halbgeschlossen, entschuldigen Sie mich, sagt sie, ich habe eine hektische Woche hinter mir. Sie sitzen bei Weisswein. Die Eingeladene weiss bald nicht mehr, wovon sie reden soll, alles, was sie beginnt, endet höflich bei ihr. Was bedeutet Ihnen Kunst ausserhalb des Geldwerts? Diese Frage würde zu dringlich sein, möglicherweise zu leidenschaftlich. Leben, Tod, Arbeitsstaub, Leidenschaft, Verzweiflung, Begehren, Entbehrung, Verrücktheit, Eros hängen verwandelt an der Wand. Erlauben Sie mir die Neugier, warum sammeln Sie? – Kunst ist interessant, sagt der Mann. – Und was meinen Sie?, wendet sie sich an die Frau. Die Frau öffnet die Augen, antwortet lächelnd nichts. – Warum sammeln Sie keine noch Namenlosen oder Unbekannten? – Sie spürt, dass diese Frage nicht ankommt. Der Mann zuckt die Schultern, schweigt. – Wäre es Ihnen möglich, die Frau richtet sich auf, greift nach dem Glas, mir einen guten Witz zu erzählen? Nein? Wer nicht lachen kann, versteht nicht viel von Kunst. – Kann sein, meint die Eingeladene, wie die Nichtlachende nicht viel vom Leben versteht. Ich, Nichtverstehende, bin eine Stumme, die sich schämt, keine Worte zu haben. – Kunst braucht doch keine Worte, sie ist Abstraktion, sagt die Frau. – Und doch wäre es die Sprache, welche die Angst mildert, meint die Eingeladene. – Angst vor der Abstraktion? Die gibt es nicht. – Ohne die Frage: die Abstraktion wovon? hätten Sie recht. – Der Mann hebt die Schultern, ach, wissen Sie, wir beachten die Bilder eigentlich nicht mehr, die Hauptsache ist, es sind gute Immobilien. – Sie fühlt sich plötzlich hungrig. Die Kunst des Verabschiedens, denkt sie in das Schweigen hinein. Die Frau erhebt sich, wir haben noch eine kleine Reise vor uns, wir müssen uns leider schon verabschieden. Die Ausgeladene nickt, wird vom Mann hinausbegleitet. Im Flur hängt ein Gubler. Den nehm ich mit, sagt sie, hebt das Bild von der Wand. Der Mann schaut sie überrascht an, öffnet ihr die Tür. Und Sie wollen mich einfach so gehen lassen? – Keineswegs, sagt der Mann, ich will nur schauen, wie weit Sie's treiben. – Sehr weit, ich gebe ihn in Ihre Hände zurück, sie stellt das Bild an die Hausmauer. Jedes Bild gehört dem, der es liebt. Wer das gesagt hat, erinnere ich mich nicht, wissen Sie es? Liebe aber kann sehr schmerzhaft sein. Sie hebt die Hand, geht auf dem Kiesweg, der sich um zwei Buchen windet, zum Kunstwerk. Ein uralter schlafender Gott, der die Welt vergessen hat. Eine Verkörperung des Nichts. Das Nichts der Zeit. Der Anfang der Welt und ihr Ende. Die graue Bronze fühlt sich kalt an. Erschreckt von der plötzlich losheulenden Sirene, rennt sie weg. Hunde? fällt ihr ein, stocksteif meint sie, ihr Hecheln zu hören. Nichts stört die Stille.

***

Anspruch

Infiziere dich nicht! Du magst Trauben lesen, aber nicht Bücher. Sie verführen dich in Gebiete voller Fussangeln. Gefangen nehmen sie dich, schwächen die

Kraft, die das Leben stärkt, die des Zupackens. Sie bohren Löcher in dein Raubtiergebiss. Doch wem sagte sie es. In Verzweiflung lag sie einst, von Hirnkrämpfen geplagt, ohne Appetit, von Trieben verlassen, da, mit flachem Atem, lahmen Beinen, begann Elegien zu lesen, sie auswendig zu lernen. Welche Torheit! Sie verpasste es, ihre Situation, eine äusserst gefährliche, grundlegend zu ändern, mit den Mitteln, die einer leseungewohnten Person zur Verfügung stehen. Es wimmelt von solcherlei Gelegenheiten. Die Welt ist voll von Menschen, die Schafe züchten, sie scheren, Wolle zu Wolle verarbeiten, auf die Märkte fahren, an die Zukunft glauben, abends die Küche mit Essgerüchen füllen. Sie ist voller Menschen, die an der Ersetzung der Festtelefonie durch die des Internets arbeiten. Die Welt ist in Veränderung von Gelegenheiten. Die Bücher jedoch, von aussen gesehen, ein Produkt verflossener Zeit, von innen gesehen gefüllt mit Zeichen, die Sprache bedeutet, welche Tore öffnet zum nie ganz erforschbaren Universum von wechselnder Bedeutung, die Bücher sind allen Gelegenheiten weit voraus oder hintennach. Sie sind imstande, den Platz, wo du hingehörst, zu besetzen. Er braucht ja weder bei den Schafen noch in der Mobilität zu sein. Doch wem sagte sie es. Sie war schon gefesselt, und ihr Anspruch stieg.

Sie suchte Menschen. Es kam einer, der wünschte mit ihr zu reden, erinnerte sich für einen Moment an sie. Da ging einer mit stummem Kopf an ihr vorbei, sie war gnädig gestimmt, grüsste ihn, er grüsste nicht, war in Geschäften, sie fiel nicht aus der Gnade. Da ging sie auf einen zu, reichte ihm die Hand, wusste seinen Vornamen nicht mehr, das war ein Moment voll Scham, lächelnd sagte er ihr die zwei Silben, und sie trennten sich mit Wohlgefallen. Sie verliess die Menge, auf der Anhöhe sah sie zu ihnen hinab, sommerhaft gekleidet sahen alle lieblich aus, und sie, weder getrieben noch leer, war friedlich und schlicht. Labsal und Befreiung kann der Mensch für den Menschen sein. Aber die Bücher, die stillen Verführer zu Menschenferne, die leichtsinnigen Lustbringer und gnadenlosen Kerkermeister, die verheerenden Zeitvernichter, die Bücher aber, diese Wortproduzenten der Liebe, der Todesliebe, nie konnte sie ihnen entfliehen. Sie meinte zu lieben, liebte und war gefesselt.

* * *

Zeitvertreib

Sie geht in Eile, um nichts zu hören, in Leibesübungen, um nichts zu spüren, trifft viele, die auch so gehen wie sie, getrieben vom Drang, gezogen vom Seil, vom Seilzieher, der in allen ist. Sie läuft, bis sie sich zum Schweigen bringt; zurückgekehrt, wirft sie, je nach Wetterlage und Jahreszeit, Schuhe ab, Leibwäsche in die Waschmaschine, geht unter die Dusche, den Güllengestank aus ihrer Haut zu spülen. Etwas hat auf ihr Zurückkommen gewartet, ist vorausgelaufen. Und liefe sie aus der verdorrten Stille der Wälder hinein in die Vortragssäle – wo aus der Wissenschaftshistorie gelesen, aus der Gehirnforschung in den letzten beiden Jahrhunderten erzählt wird, wie das geniale Gehirn ein kulturelles Objekt der Gesellschaft wurde, erzählt, wie einst Sagen erzählt, von Schopenhauers Schädelumfang bis zum mysteriösen Verlust des Einsteinschen Gehirns und noch weiter erzählt wird bis zur Magnetresonanz-Bildgebung, welche die Forschung am lebenden Gehirn mit seinen funktionellen Eigenschaften, seinen Perfusions- und Diffusionsvorgängen ermögliche und noch weiter, bis zur Frage einer Hörerin, ob die Forschung seit der Antike immer noch nicht wisse, wo das, was mit Geist bezeichnet werde, lokalisierbar sei, und die Antwort nein war, die Forschung wisse es noch nicht, was den allgemeinen Erkenntnisstand bestätige, dass Kreise sich schliessend öffnen –, so würde sie wieder zu sich und etwas zurücklaufen müssen. So ist es, als ob sie nicht gelaufen wäre, und obwohl sie versuchte, auf ihrem Stuhl hockend zu verharren, ist etwas, was sie in ihren Gehirnwindungen, Eingeweiden und Räumen unwiderstehlich aufjagt und zur Eile drängt.

Geh nie an Beerdigungen, sie sind lebensgefährlich, sagt sie. Der Fahrer eines Lieferwagens, nach einem Infarkt, rast von der Anhöhe, die zum Friedhof führt, in einen bayerisch-ländlichen Trauerzug. Ein Toter wird zum Rasenden. – Ich erinnere mich an die schwarzen Prozessionen, sagt die Freundin. Rosenkränze werden gebetet, nach Geschlecht, Lebensalter und Gangart unterschiedliche, zuerst jene der Männer, die beten freudenreich, nach ihnen kommen die Frauen mit dem schmerzhaften, den Frauen folgen die Buben, die beten falsch, ihr Vorbeter, der Mesmer, verteidigt seinen glorreichen, am Schluss des Umzugs tönt es nach lustigen Mägdelein. Die kichern bei jedem sich bietenden Anlass. Das Gemurmel, manchmal verhalten, wird bei Windstille, nach Windungen der Strasse gewaltig, wird schwächer bei Hitze, kaum mehr hörbar unter Wollkappen, von Schneefahnen bestäubt. Kranzträgerinnen, von Nichterwählten beneidet, oh, du darfst Kranz tragen, hinter dem Pferdewagen mit dem Sarg unter dem schwarzgoldenen Himmel, fühlen sich wichtig, steif vor den Hinterlassenen schreiten sie, stehen seitwärts vom Grab.

Vier Frauen sind tot, einundvierzig schweben in Lebensgefahr. Frauen hat es voll erwischt. Ein echtes Schweben, das zwischen Leben und Tod. Die Mehrzahl der Männer ist zu Hause beim Schnaps geblieben. An die hundert sind es, welche die Dreiundachtzigjährige beerdigen wollen. Der Lieferwagen wälzt sich fünfzig Meter weit durch die Flüchtenden. Heidnisch-germanisch, Wotan als Wüterich. Ein kolossaler Abgang, wie hat die Alte das verdient. Einer der Gründe, warum man keiner Religion anhangen sollte, meint sie. – Du hängst daran, erzählst mir davon. Trauerzüge mit Geopferten, das ist antik, kollektiv, stärkend und schauervoll. Hörst du den Trauermarsch, und ich trage würdigen Schritts lila Chrysanthemen, obwohl ich vor Vergnügen eigentlich tanzen wollte, weisst du noch, sagt die Freundin, geht in die Küche. Sie folgt ihr, warum vergisst du nichts, sagt die Freundin, vergiss es, was mich betrifft, habe ich meine Meinung geändert, ich will nicht mehr hassen, und es wäre Zeit, du würdest deinen Hass auch endlich loslassen. Noch nicht, es ist noch zu früh, sagt sie, lebender Hass ist mehr als tote Liebe.

Gefährtinnen bekam sie. Die nachts vor dem Spiegel, die Lider halbgeschlossen, den Kopf zurückgeneigt, die Wangen mit den Fingerspitzen zärtlich streichelnd, ein Lied hörten, von eigener Stimme gesungen. Und ein seltsames Glücksgefühl zog durch sie, denn sie hatten wenig zuvor an den Tod gedacht. Gefährtinnen, die sich wie sie niederlegten, immer noch mit jenem Gefühl, sie wüssten anderntags, wozu sie im Lautlosen aufgewacht, sich niederlegten, um alsbald wieder aufzustehen, Fensterläden zu öffnen, zu lauschen, die Hand hinauszustrecken, zu spüren, ob es noch regne. Gefährtinnen, die, gleich ihr, vor Überschwemmungen nicht evakuiert, sich nicht fürchteten, Hab und Gut zu verlieren, sich nicht ängstigten, die Herzenskammer eingestürzt zu wissen, Treibgut aufzulesen, sich niederzulegen, um alsbald aufzustehen, müde vom Warten auf das Ende des Wassers, das Nacht umhüllte mit dampfigem Tuch, mit Fahnenschleiern. Gefährtinnen, die, gleich ihr, der Welt abhanden gekommen durch ein Geheimnis, weder zu erzählen noch zu vergessen, ohne Metapher, ohne Erleichterung. Die erst spät, wenn es Nacht wurde, aufatmeten, sich vor den Spiegel stellten, Pupille schräg unter halboffenen Lidern, sich wiegend in Gebärden, als geschähen sie erst morgen, wiederholten sich, die Lippen unter Fingerspitzen, Nachtlicht auf gesalbter Haut. Adieu, vergiss mich nie und vergiss mich. Sentiment schien abgelagert, Glücksatom zerfiel, entstand, und morgen erreichte sie endlich die Nachricht, jene alte, von der sie später wissen würde, dass sie keine gewesen war. Kein Zeitvertreib geschehen war.

* * *

Grevasalvas

In einer Aufwallung von Wohlgefühl, zurückgeglitten in den Zustand, in dem sie sich vor Jahren, trunken von Liebe, befunden hatte, in schmerzloser Euphorie, voll der Empfindung, endlich das Zentrum ihrer selbst erreicht zu haben, verlängerte sie ihren Aufenthalt im Engadin. Jenes Ereignis, bei dem Psyche und Physis in reinem Klang zusammengetönt hatten, ohne Störung, ohne Furcht, seiner Natur nach zeitlos und vergänglich, dachte sie sich als wiederholbar.

Den Rucksack gepackt mit Imbiss, Tranksame, mit allen Utensilien, die für eine Bergwanderung benötigt wurden und für das Ereignis eines jähen Wetterumsturzes nötig wären – sie dachte an eine erzwungene Übernachtung in einem Maiensäss mit dem schönen Namen Grevasalvas –, schritt sie bedächtig, wie es sich für eine Berglerin geziemte, den Lärchenpfad hinauf. Immer wieder trat sie seitwärts, um jungen Vorwärtsstürmern, Familien mit Kindern, den Vortritt zu lassen. Der schmale Pfad, teils weich, teils steinig, führte sanft aufwärts, senkte sich, ging eine Weile eben voran, er war wie eine Welle, die sich dem Hang nach rhythmisch aufwärts bewegte. Sie nahm den Rhythmus auf, bewegte sich mühelos als kleinere Welle, die sich mit der grossen unsichtbar zusammenfand, im Schatten der Nadelbäume, bald im warmen Licht, windbefächelt. Vor ihr, hinter ihr ging niemand, vor kurzem hätte sie deswegen eine beklemmende, eine durch nichts zu begründende Bangnis verspürt. Nun genoss sie es, allein zu sein, sie genoss ihr Geniessen, spürte ihre wiedergewonnene Kraft, noch warteten auf sie Gedanken, noch nie empfundene Erregungen, und jenes fürchterliche Gefühl, das Leben sei nur noch ein Abklatsch, eine Wiederholung, ein Eingesperrtsein in einem abgewohnten Haus, war verschwunden, wie auch die Sorge, der immer missliebiger werdende Körper, den sie nicht unbekümmert als ihren eigenen betrachtete, würde nun Tag und Nacht sein Recht auf Rücksicht behaupten. Sie genoss es, niemandem zuhören zu müssen, nicht missgestimmt zu sein durch das unaufhörliche Gequatsche einer Person, mit der sie nur durch scheinbare Gleichheit der äusseren Lebensumstände verbunden war, einer Witwe, einer Geschiedenen, einer Rentnerin. Eine jener, die ihr die Krone ihrer Einmaligkeit raubten, sich diese selbst auf den Kopf setzten, sie damit in das gemeine Schicksal aller Menschen zurückstiessen. Doch wie sie alle diese Personen, mit denen sie die Kinnlade bewegte, am Zucker der Vertraulichkeit lutschte, von Zeit zu Zeit nötig hatte, um sich einzuschätzen, sich zu bestätigen, dass sie nicht anormal war! Der Pfad führte allmählich an die Waldgrenze, auf Steinplatten über eine riesige Geröllhalde, von Felsbrocken begrenzt, stieg er an. Sie konzentrierte sich auf die Füsse, von Bergschuhen fest umschlossen wurden sie; das nervendurchpulste wichtigste Organ des Lebendigen, das Hirn, war in sie hinabgerutscht, sie war Fuss geworden, Knie, Gelenk, Muskel, Sehne, fest und verlässlich. Allmählich, nach einem neuerlichen Aufstieg, wurde der Weg offener, grasüberwachsen, weit zeigte sich der Himmel, erlaubte ein schönes leichtes Gehen. Wenn ihr Körper autonom beschäftigt war mit seiner ureigensten Tätigkeit, versank sie in diffusen und doch auch scharf umrissenen Erinnerungen, für die keine Zeitordnung existierte. Sie nahm die Aussenwelt nicht mehr genau wahr, ging mit gespaltenem Bewusstsein, einerseits spürte sie ihren Körper, das zielgerichtete Vorwärtsgehen, die Beschaffenheit des Untergrunds, ihr Gleichgewichtssinn regelte alle Unebenheiten, sie empfand die zunehmende Wärme, spürte den Wind; andererseits war sie beim Heidelbeerpflücken in den Bergen ihrer Kindheit, war zurückversetzt in die abendlichen Tischgespräche mit den drei Frauen, welche am Versuch des Hotelbesitzers teilnahmen, aus Unbekannten mit gemeinsamen Nachtessen Bekannte zu machen. Sie war mit Zweifeln und Hoffnungen beschäftigt über eine abgelieferte, noch nicht beurteilte Arbeit, gequält von Unsicherheit, ja Verlorenheit, die durch das Warten auf die Erlösung von einer mehrjährigen, immer wieder unterbrochenen Anstrengung verursacht wurde, was sie nicht hinderte, sich selbst zu belächeln, als ob ihr das letzte Urteil über Sein oder Nichtsein noch bevorstehe. Der Wechsel der Umgebung versetzte sie in die Gegenwart, sie hatte die Baumgrenze überschritten, vor ihr lag eine schräge Steinhalde, mit Geröll und Felsbrocken bestückt, kein Pfad war von weitem sichtbar, beim Näherkommen erst öffnete er sich, wand sich zwischen Felsen zu einer Kuppe hinauf. Als sie diese überschritt, öffnete sich der Blick auf eine Alpweide mit Wermutsträuchern, Gräsern, moorigbrauner Erde. Sie empfand eine heftige Freude, war sie doch zurückgekehrt in jene Zeiten unzähliger Bergwanderungen mit Freunden, mit Geliebten. Für Augenblicke schien nichts aus ihrem Leben vergessen, war alles im Glückshirn gespeichert. Beschwingt ging sie über die Moorweide, Wässerlein glucksten, der Pfad war mit Steinplatten und Holzbrücklein gesichert. Sie gelangte hinab zu einem Felskopf und sah auf die Schieferdächer Grevasalvas hinab. Das war es. Sie durchschritt das Gässchen, ausser zwei Burschen auf einer Trockenmauer vor einer offenen Haustüre sah sie niemanden. Zur nächsten kleinen Siedlung stieg der Weg wiederum an, vor ihr gingen zwei einsame Wanderinnen, sie überholte die eine, die andere verschwand immer wieder hinter einer Kehre des langen, sich dahinziehenden Weges. Seltsam sahen die verlassenen Häuser in Plaunca aus, als sehnten sie sich nach atmenden Wesen. Jemand hatte die Blumen in den Töpfen auf den Steintreppen gewässert. Der scharfe Wind der Hochebene beschleunigte ihren Schritt. Was trieb sie auf Bergwanderungen? Was war denn sonst zu tun? Die Zeiten endlosen Lesens in einem Liegestuhl unter Lärchen waren vorbei. Mit was sonst konnte sie den uferlos langen Sommertagen einen Sinn geben. Eigentlich gab es nichts Langweiligeres als Ferien und nichts Hirnerweichenderes, Unglücklichmachenderes als das Nichtstun. Ein paar Tage ohne Dienst an ihrer Aufgabe, und sie spürte den Abgrund fürchterlicher Leere. Wandern war Flucht aus der Leere, Flucht vor dem Nichts. Plötzlich verengte sich der Pfad, fiel steil in die Tiefe. Sofort floss ihre ganze Aufmerksamkeit in Beine und Füsse. Auf diesen Felsplatten auszugleiten, über diese unzähligen Formen von Steinbrocken, die es teils zu umgehen, teils zu übersteigen galt, stolpernd hinabzustürzen, würde fatal sein. Vorsichtig, langsam setzte sie Fuss um Fuss. Erinnerung überfiel sie, nein, zerteilt in Innen und Aussen kam sie da nicht hinunter, jetzt benötigte sie ein umfassendes, konzentriertes Körpergefühl; Fuss um Fuss setzte sie, spürte, wie und wo sie stand, wie die Knie, die Gelenke sie trugen, auf den Felsbrocken festhielten, gebeugt, gestreckt, vorwärts geneigt, den Schwerpunkt verlagernd, in Balance gesichert. In ihr war nichts mehr, kein Bild, kein Gefühl, kein Gedanke, vollständig der Gegenwart hingegeben, wollte sie nur eines: Ohne Sturz hinunterkommen! Immer weiter fiel der Pfad, manchmal wurde er erdig, führte durch Grasbüschel, über Hügelrücken, dann zeigte er ihr von neuem den Meister, sie musste in die Knie vor ihm, vergass ihr Leben, vergass die Zeit, manchmal blaute von unten der See in ihr Auge, sie ging hinab und hinab, spürte weder Müdigkeit noch Durst.

In der Tiefe angekommen, platschnass, zufrieden, erinnerungsfrei, glaubte sie an sich. Jetzt hatte sich alles geändert, jetzt würde alles anders, war das Frühere vorbei.

Abends versuchte sie sich an jenen Absturz zu erinnern, der irgendwo in ihrem Hirn, in ihrem Körper aufbewahrt war. Wo lag jener Schrecken? Wo seine Todesangst? War es eine gewesen. War es im ersten Moment eine gewesen, in einer Gefühlsleere untergegangen, im Bewusstsein einzig die körperlichen Sensationen: Die Geschwindigkeit des Hinabsausens an einer steilen, stechenden Grashalde, ein pfeifendes Sausen, schmerzlos harte Schläge an ihren Oberschenkel, Hände, die keinen Halt, Füsse, die keinen Tritt finden, ein Geschleudertsein ins Geröll, ein Liegen auf Steinen, ruhenden Steinen, überall Steine und Himmel, Gefühle, zurückgekehrte, Schock, Schmerz, Angst, Angst vor der Wand, die am Himmel endet, die Felswand vor ihr, die sie zu sich zieht, in den Tod stürzen will, nein, nein, eine Wand tut das nicht, kann das nicht, solange sie sich nicht bewegt, verschnaufen in einer Mulde aus gutem ruhigem Geröll, Rufe der Kameraden von oben, die kommen, die kommen, Sehnsucht, Sehnsucht nach Gerettetsein. Am Ende fand sie, erinnert sie sich, in ihrem Hotelzimmer keinen Schlaf, setzte sich auf die kleine Terrasse, beschaute den Nachthimmel, nahm ihren Atem ins Herz, dachte an nichts.

* * *

Der Mantel

Ihre Kästen sind voll Kleider, festliche Kleider, einmal getragen. Gelegenheiten, sie zu tragen, werden spärlich, das hat sie nicht gewusst. Wenn sie es gewusst hätte, hätte sie jene Gelegenheiten inniger genossen. Dann sässe sie jetzt in einer Erinnerungsfestung, geschützt vor Unbill, spazierte an einem Erinnerungsmeer. Sie könnte Körper und Seele ergötzen, Meerwind wäre gesund für Haut und Haar. Immer voller werden ihre Kästen, die Stoffe drängen sich quer, sie bringt die Türen nicht mehr zu. Sie reisst einen Mantel heraus, einen eleganten, teuren, rennt die Treppe hinunter, überreicht ihn feierlich dem jungen Mädchen, das unter ihr wohnt. Es kommt ihr jetzt wie eine junge Frau vor, sie weiss ihren Vornamen, dass sie vaterlos ist, ihre Mutter als Verkäuferin arbeitet, sie irgendwo in einer Schule Stunden absitzt, ihr oft schäbig gekleidet begegnet ist. Hier ist ein Geschenk, sagt sie, das junge Mädchen sieht sie verständnislos an, Rot ist doch die Farbe deines Alters. Sein Gesicht verzieht sich zu einem höflichen Lächeln. Es hat dunkle Locken, Rot passt zu deinen Haaren, sagt sie, drückt den Mantel in seine Arme, es durchfährt sie das bekannte Hirngeflimmer, dem sie den Namen Abschied gegeben hätte, wäre sie nicht rasch die Treppe hinaufgerannt und hätte alle Kästen wieder zugedrückt. Du trägst ihn nie mehr, beruhigt sie sich, wirklich nie mehr, er hängt seit Jahren unbenützt am Bügel, Rot ist zu auffällig, du siehst in ihm nicht mehr aus, wie du aussehen möchtest, es gibt nur ein Vorwärts, kein Zurück. Was man sich so sagt, sagt sie sich, jetzt ist in deinen Kästen wieder Platz, Platz für Neues, möglicherweise brauchst du auch gar nichts Neues, hast genug am Alten, trage das, was da ist.

Sie begegnet dem jungen Mädchen öfter als früher, es spaziert mit Burschen, mit dicken, dünnen, schwarzen, braunen, gelben, solchen mit stachligen Haaren, mit gelockten Mähnen. Aber nie trägt es den Mantel, immer trägt es seinen abgetragenen, gräulich-dünnen, aus dessen zerrissenem Saum Fäden hängen. Einmal steht die untere Wohnungstüre weit offen, es leuchtet rot aus dem Hundekorb, das Tier, seine Pfoten im Mantel, vom Streunen zurück, schläft. Ist es eine Hündin, fragt sie sich. Meint sie die im Korb – oder die andere? Dahin ist dahin, denkt sie, verloren ist verloren. Das Denken nützt nichts. Sie ist wütend, fühlt sich missachtet. Sie hat anderes erwartet. Dass die Göre ihr die Hand küsst? Mit Schrecken begreift sie, dass sie aus der

Welt, wie sie sich jetzt mächtig ausgebreitet hat, ausgeschlossen worden ist, ohne es zu bemerken. Sie war am Träumen gewesen, im Gefängnis ihrer Meinungen. Ihre Welt gibt es nicht mehr. In den Trümmern suchen und retten, was zu retten ist? Was könnte sie denn sonst noch tun? Im selben Augenblick weiss sie, dass nie etwas zu retten ist. Eine ganze Weile muss sie eine Art von Mantel-Sehnsucht ertragen, in der Erinnerung ist er noch schöner, weicher geworden, sein Futter schmiegt sich seiden an die Haut. Wie stolz hat sie ihn getragen, übermütig, sich gut gekleidet fühlend, wie glücklich war sie. Warum ist sie auf die Idee verfallen, sich von ihm zu trennen. Sie hätte doch wissen müssen, dass sie sich von gar nichts trennen kann, weder von einem Mantel noch von einem Menschen. Ihr ist, als leide sie zusammen mit dem schönen Kleidungsstück, das nun beschmutzt, zerrissen unter einem Tier liegt. Statt in einem Kasten, kunstvoll gebaut von Handwerkern, mit freundlicher Melancholie berührt zu werden, Erinnerungen auszulösen, ein Teil der Vorstellung zu bleiben.

* * *

Kleine Beweise der Freundschaft

Sie liess sich auf das Sofa fallen, legte ein Kissen unter den Kopf, atmete tief und blickte zum Flügel hinüber, auf dem statt ein Gefäss mit Rosen ihr Werk stand. Ein warmes Windchen, das Schwirren von Blättern drangen durch die weit offenen Fenster. Für befreiende fünf Wochen bin ich die Eigentümerin des Hauses, dachte sie und schlummerte ein. Aufschreckend, wusste sie weder Ort noch Zeit, aber im nächsten Moment wusste sie, was es zu wissen und zu tun gab, erhob sich, ging in ihr Zimmer, entledigte sich ihrer Arbeitskleider, zog sich einen Hosenanzug an, ging ins Badezimmer, kämmte, schminkte sich, schloss Fenster und Türen und fuhr zum Heim, wo ihr Vater gepflegt wurde.

Er stand am hohen Drahtverhau in seinem besten Anzug, der nicht mehr wie der beste aussah, harkte in der Furche entlang des Zauns. Gute Spargelernte? Wie schmecken sie?, fragte sie freundlich. Evelin, sagte er, kümmere dich um deine eigenen Sachen, was tust du hier. Er hatte sie erkannt. Wir fahren zu mir, in die Ferien, sagte sie. Er folgte ihr willig ins Haus, eine Pflegerin übergab ihr sein gepacktes Köfferchen.

Es ging besser, als sie erwartet hatte. Er hielt sie für seine verstorbene Schwester. Sie hatte ihm Hacke und Schaufel gegeben, er beschäftigte sich dort, wo sie es ihm erlaubt hatte. Sie gab es auf, achtzugeben, ob er sich in den Blumenbeeten zu schaffen machte; dass er im Gemüsegarten beim Jäten auf den Salat pinkelte, war ihr egal, sie würde nachher alles wieder in Ordnung bringen. Als ehemaliger Gärtner trampelte er zumindest nicht auf den Gewächsen herum. Manchmal sass er stundenlang reglos unter dem Sonnenschirm am Gartentisch, wo sie die Mahlzeiten einnahmen. Er ass, wie er immer gegessen hatte, in fein gesitteter Weise, das Besteck elegant in der Hand. Er schwieg, das war angenehm. Seine Wünsche schienen erfüllt zu sein.

Draussen hielt er sein Mittagsnickerchen, sie lag auf dem Sofa im Salon. Es war schön, nach dem Kochen und Essen zu ruhen. Schlafen konnte sie nicht, das war ihr recht. Sie betrachtete das Lieblingsbild des Herrn Doktor. Der Maler war einer vom Untersee gewesen, ein Taglöhner. Auf einem Bauernstuhl mit rotweiss kariertem, verwaschenem Kissen sass dick und erhaben eine glänzendschwarze Katze mit grünen Augen, zwei pelzigstarken Hinterbeinen. Das Tier schaute sie bezwingend an, schaute durch sie hindurch, zollte ihr Respekt, verachtete sie gründlich. Jedes Härchen ihres prächtigen Fells war mit Akribie gemalt – wie hielt Frau Doktor, die an einer Katzenhaar-Allergie litt, dieses Bild bloss aus? –, Katzengesicht, Nase, Maul, Lippen, Kinn, Tasthaare, Ohren waren wie von einem überirdischen Auge gesehen und äusserst genau, ohne Verzerrung, dargestellt. Die Wirkung war magisch. Sie wehrte sich gegen diese Art von Betäubtsein. Welche Beherrschung des Raumes, die Katze als Hauptsache, das Gärtchen als in die Ferne gezogenes Wunschgebilde, hatte der Herr Doktor gemeint. Aber so malte man doch nicht mehr. Katze war Katze und keine Erscheinung. Der Maler hatte sie mächtig in einen niedlichen kleinen Bauerngarten gesetzt, einen mit ovalen, runden, von Buchs eingefassten Beeten im Frühlingsflor, mit noch nicht erblühten Rosenbäumchen, spriessendem Gras, jedes Hälmchen, jedes Stielchen, Blütchen verzaubert, als müsste er es erschaffen, im Hintergrund, zierliche, weisse Stühlchen, ein Ruhebänklein mit zwei weissgekleideten Persönchen, ein Gartenhäuschen und wieder ein Treppchen, blühende Büsche, blühende Bäume, und weit entfernt ging es mit Lust in ein nächstes Wunschgärtchen hinein.

Sie fand Vater am Rand der Landstrasse stehen, verloren, abwesend, in sich und nirgendwo. Autos sausten mit übersetzter Geschwindigkeit aus einer Kurve, verschwanden hinter der nächsten. Ein Gedanke durchzuckte sie, den sie sofort verjagte. Sie zog ihn an der Hand hinter sich her, brachte ihn in den Garten zurück. Am andern Morgen sass er auf seinem Bett und kicherte, laut, leise, räusperte sich, das Kichern änderte den Ton, wurde ein Brummen, ein Ächzen, ein Rumpeln, ein Knarren. Es war unerträglicher als das Weinen, dem er sich tags zuvor ergeben hatte. Sie führte ihn auf die Strasse hinauf, dort machte er keine Geräusche, schritt rüstig voran. Bald liess sie ihn alleine gehen, kehrte ins Haus zurück, genoss die Ruhe. Wie gut du dich orientieren kannst, sagte sie, nachdem er den Rückweg gefunden hatte, setz dich in den Schatten, ich bringe Tee und Kuchen.

Noch eine Woche dauerte die Gnadenfrist ihrer freien Tage. Sie nahm ein Kissen, kniete darauf, stach mit dem Messer aus den Ritzen zwischen den Granitplatten Unkraut heraus. Den Mann hatte sie nicht kommen hören, er stand hoch über ihr. Sie haben mich erschreckt, sagte sie, erhob sich. Entschuldigung, sagte der Polizist, ich muss dort fragen, wo jemand zu Hause ist. Da oben hat man einen Mann gefunden, ohne Ausweis, nichts. Ja?, fragte sie. Eine Zeugin des Unfalls hat gemeint, der alte Mann wohne bei Ihnen. Sie schwieg. Er ist kein schöner Anblick. Wurde weggeschleudert, schlug mit dem Kopf an einen Traktor. Sie wusste, er war tot, fragte aber: Ist er tot? Ja, leider. Mein Beileid. Kommen Sie bitte mit! – Er war immer in Eile, wollte die Gegend auskundschaften, nicht dieses Tempo, hab ich immer gesagt, unterbrach sie ihn, hörte sich schwatzen, bleib doch besser im Garten, hab ich gesagt, wohin willst du denn ... Gefühle der Erlösung verschlugen ihr die Stimme.

Nach der Beerdigung legte sie sich erschöpft auf das Sofa. Die treueste Freundin ihres Vaters sei sie gewesen, hatte der Pfarrer gesagt. Sie hielt das Liegen nicht aus, ging zum Flügel, betrachtete ihr Werk. Auf einem Holzbrett lag eine Halbkugel von einem halben Meter Durchmesser aus Fett, das sie mit einer Mischung aus Kleister und Gips hart gemacht hatte. Aus fünf herausgebohrten Löchern in der Fettkugel ragten kleine kahle Köpfe, die augenlosen Wesen schienen sich herausstemmen zu wollen, ihre plumpen Arme und Hände lagen verkrampft auf der graukrümeligen Oberfläche. Behutsam hob sie das Brett vom Tuch, das sie auf den schwarzen Lack gelegt hatte, trug es hinaus in ihre Werkstatt, eine Hütte am Rande des Anwesens, feilte an einem Kopf, malte einen roten Klecks auf das Fett. Sie hatte in einem Bildband über den von ihr bewunderten Künstler gelesen, sie hatte die Worte Blut, Tod gelesen.

Sie trug das Brett hinüber zur Pferdeweide, wo die Erde weich mit Holzspänen vermischt war. Beim zweiten Zaunpfosten grub sie ein Loch. Erde benötigte es, um das zu werden, was es sein musste.

Ausgeruht, erholt, wie immer Haus und Garten in tadellosem Zustand, wird sie die Herrschaften mit gewohnter Kochkunst und freudigem Lächeln empfangen, übermorgen. Meine liebe Evi, wird Frau Doktor sagen, danke für die schönen Blumen, eine Farbsymphonie, nie vergessen Sie, wie ich mich freue, von Blüten empfangen zu werden.

***

Trompe-l'œil

Sie meldete sich morgens bei ihrem Auftraggeber als Mit-schwerer-Gastritis-im-Bett, knabberte das übrig gebliebene Salzgebäck, trank den restlichen Wein, las den ganzen Vormittag Zeitungen. Die hinterliessen eine Dumpfheit, in der ihre müde Unlust die Kontur verlor. Von Halbschlaf überschwemmt, legte sie sich aufs Sofakissen, schloss die Augen.

Von Leuten schwatzen sie, die sie nicht kennt, und von Anlässen, an denen sie nicht gewesen ist. Niki fläzt sich auf dem Sofa, streicht mit fetten Fingern über das Kaschmir-Wollpolster, findet ein Nöppchen, zupft immer wieder daran. Sie hat sechstausend gesparte Franken für das italienische Modell bezahlt, traut sich aber nicht zu sagen: Niki, lass das! Mo schlägt ein Bein über das andere Bein, ruckt ihre Tasche von sich weg, hängt ihre Augen an Niki, hängt ihre Augen an Ros. Sie tratschen. Keine beachtet sie. Obwohl sie einmal, ein einziges Mal nur, ein Recht auf Beachtung hätte, nachdem sie sich zu allem Überfluss auch noch Mühe gegeben hat, ihre Rolle als Gastgeberin perfekt zu erfüllen. Nichts hat sie vergessen. Die Weine hat sie rechtzeitig aus dem Keller geholt. Ins Einkaufszentrum ist sie gefahren, hat Gläser poliert, Besteck, Geschirr, Servietten bereitgestellt. Entgegen allen falschen Vorstellungen über ihren Berufsstand, ist sie eine ordentliche, ihre Umgebung sauber haltende Person. Die Böden sind gereinigt, die Möbel abgestaubt. Und jetzt sitzt sie in ihrer Wohnung wie eine Fremde in einem Café, die lautlos ruft: Ich möchte gehen, zahlen, bitte. Ota versucht von Zeit zu Zeit, ins dichte Schwatzgewebe der andern drei einzudringen, blickt sie hilflos an, bis die Gastgeberin sich ihrer mit einem lauten: Ros, du bist gefragt! erbarmt. Ros blickt dann rasch zu Ota hin, sagt ein kurzes Wort, wendet sich wieder Niki und Mo zu, deren Hände sich tätscheln. Vergnügt lachen sie, umschlingen sich blubbernd, als wäre niemand ausser ihnen da. Sie schenkt Weisswein nach, geht in die Küche, schaut in den Backofen, lässt Wasser kalt laufen, Hahnenwasser wird gewünscht, schneidet Käse und Brot auf. Viola wird verspätet noch hereilen, hungrig nach einem Arbeitstag, nachdem sie nach Hause gehetzt ist, um sich ihrer Tochter zu widmen. Sie fängt ein Gespräch mit Ota an, langweilt sich. Ota, die den Lachsbrötchen kräftig zuspricht, sie dabei anlächelt und das Party-Gebäck rühmt, will nichts als dort sein, wo Niki, Ros und Mo sind. Nach zwei Stunden Quak Quak, Plupp Plupp, nachdem das Sofa voll Krümel ist und Viola noch immer abwesend, verabschieden sich die vier flüchtig, über Leute schwärmend, die sie nicht kennt, und Anlässe kritisierend, an denen sie nicht dabei sein konnte. Keine hat auch nur eine Sekunde zur Wand geblickt, auf die sie einen Vorhang montiert hat, hinter dem sie etwas Neues zeigt, weg von dem, was bislang als ihr Stil galt, eine ganz andere Malerei. Ist es ihr gelungen, ist es eine Rückkehr zu Früherem, ist es eine Einübung ins Künftige?

Sie hofft auf einen Blick aus einem geöffneten Fenster in eine Paradies- und Höllenlandschaft, einen dickgrünen Dschungel mit Schlingpflanzen, mit federbunten Vögeln, feisten Gewächsen, Schlangenkakteen, deren Blüten, nur für eine einzige Nacht sich öffnend, nach Vanille und Schokolade duften, auf einen Blick auf Schmetterlingschwärme, auf Skelette, die aus dem Moder leuchten. Ist ihr ein Beweis ihres Talents gelungen? Aber keine der Frauen hat versucht, den Vorhang zurückzuschieben, um herauszufinden, was dahinter hängt, keine hat versucht, an den Fenstersims zu treten, sich hinauslehnend den Kopf anzuschlagen, hinausschauend sich zu belustigen an der augenfunkelnd starrenden Raubkatze, keine hat die Hyäne, die an einem Menschenknochen nagt, und die Leere des Himmels gefunden. Keine hat versucht, eine Canna zu pflücken, sie ihr zu überreichen mit den Worten: Wir wussten gar nicht, was für eine Künstlerin du bist! Welche Malerei! Wie zum Anfassen! Wir bewundern dich! Denkst du schon an dein nächstes Bild?

Sie erwachte, schlug den Vorhang zur Seite. War da nichts mehr, wie so oft, wenn sie erwachte, oder war da noch was? Erst wenn sie selbst zum geöffneten Fenster hinausstiege, ins umschlingende Wuchergrün spazierte, vor Totem erschauerte, ob dem Fauchen hinter ihrem Rücken erschräke, erst dann würde ihr die vollkommene Täuschung gelungen sein.

Sie sah zur Wand, sah die noch nicht überzeugende Perspektive, die noch nicht gelungenen Gestalten. Am

Schwierigsten, am Licht, das unter verborgener Lichtquelle aufzuscheinen hatte, würde sie noch lange arbeiten müssen. Es war eine Frage der Verwandlung, es war lange Erfahrung, es musste eine Darstellung sein aus grösstmöglicher Nähe und grösstmöglicher Ferne. War dort, wo nichts war, nichts zu sehen war, war dort der Abgrund? In den sie zu stürzen drohte, wenn jeder Versuch einer Irreführung vergeblich geblieben war.

* * *

Istsiedas?

Unerträglich ist es, dieselbe zu sein. Was gäbe sie, könnte sie eine andere sein. Wie die, die drüben vor dem Haus im Bikini an der Sonne liegt. Die legt ihren Schmöker beiseite, steht auf, legt sich wieder hin, steht nicht mehr auf. Eine andere sein. Die, die einen Vortrag hält, in der Reihe Öffentliche Vorlesungen. Vortragende und Zuhörerin, Spielende und Zuschauerin sein. Die Luft wird stickig, durch verbrauchte Stunden gezogen, niemand öffnet ein Fenster. Die Vortragende, blass, mit bleichen Haaren, gezogenen Lippen, in rosa Jacke, rosa Gürtel, spricht, als sei ihr Gesagtes genau das, worauf alle warten, mit Verve spricht sie über das Phänomen der Angst, lacht ins Publikum, fordert es auf, die Eigenschaften eines Hundes zu rufen. Angst vor Hunden könne bedeuten, dass die sich Ängstigende entweder zu viel oder zu wenig von diesen gerufenen Eigenschaften besitze oder auch zu viel oder zu wenig vom Gegenteil, diese Unsicherheit, Unheimlichkeit – das sei die grosse Herausforderung der therapeutischen Arbeit. Um Hundeangst, Spinnenangst, Mäuseangst, Schlangenangst, Höhenangst, Liebesangst, Lebensangst wie auch alle anderen Ängste, Krankheitsangst, Sterbensangst, Totseinangst zu heilen, mindestens zu mildern, zu bändigen durch heilsame Gespräche in heilender Beziehung, seien sehr viel Zeit wie auch die grösstmögliche konstruktive Mitarbeit der Patienten vonnöten. Die Aufmerksamkeit der süchtig-wünschenden ehemaligen Zuhörerin verabschiedet sich in ihre Erinnerungen an Hunde und Schlangen. In unerträglicher Länge zieht sich die Zeit dahin, noch dicker wird die Luft, bis sich die Gequälte davonschleicht.

Grausam schmerzhaft ist es, stets dieselbe zu sein. Jahr für Jahr dieselbe, was auch immer geschieht, Freund gestorben, Freundin verschwunden, Körper gealtert, Glaube verdunstet, Geld verschleudert, Wände vertauscht, stets dieselbe. Könnte sie eine andere sein, eine ganz andere. Die, die unbestrumpft mit geschwollenen blaugelbgefleckten Beinen in ein Auto steigt, weiter teilnimmt, weiterliest, sich durchkämpft, sich behauptet in jeder Lebenslage.

Eine vollständig andere sein. Die mit dem unbeschreiblichen Lächeln, dem ausladenden Gesicht, den festen Backenknochen, der lüsternen Nase, dem grosszügigen Mund, den weiss-dunklen Augen, den starken Haaren, dem breiten Pelz, eine Beiwortsammlerin, und dahinter, daneben die Männer mit Namen, mit Bedeutung, mit gespeicherter Gelehrtheit, Kraftwerke, die, wenn auch stillgelegt, betriebsbereit sind, losdröhnen könnten mit gewaltigem Gefunkel, Köpfe erhellend, dann wieder leergesaugt, abseitig verlassen liegen, bei Berührung zu beben beginnen mit tödlicher Gefahr. Sie, die Freundin dieser Männer, eine unbeschädigte Fortuna, hat gesunden Fusses, soweit überliefert, den Hinkenden widerstanden, sich weggerettet von infektiösen Helden. Eine, die gemalt wird, mit klatschender Farbe und unverbrüchlicher Zuneigung, eine, die in Erinnerung bleibt, beschrieben, bewundert wird.

Sich selbst sein, eine andere. Die aus dem Kerker ihrer Augen geflohen, ihren Hirnmechanismen entwunden, dem Stempel, dem Stempelkissen, der Manie, Fliessendes in eine Fassung zu bringen. Eine mit anderer Stimmung, mit Stimme, nicht mit Krächzen, mit Stammeln, eine mit Tonlage, Komposition, Aufführung. Eine wirklich ganz andere sein, sich selbst in einer andern sein. Das Vergangene ist besiegt, wieder sind Freundinnen um sie, jede gibt ihr einmaliges Lächeln, ihr Fühlen, ihr Denken, ein Freund sitzt auch da, gibt Rat und Tat. Könnte es wie zu Anfang sein, ist sie jetzt eine andere, die, die sie gewählt hat? Ist das Mögliche noch zu erreichen mit fleissigem Aufstehen zur richtigen Zeit?

Die Sonnenhungrige, die neben der Garage die Beine kreuzt, wird sich erheben, die Kleinen sind in der Schule, kommen sie zurück, steht sie im Morgenmantel am Herd, fröstelt, wie kann sie ihn zwingen, mehr zu bezahlen, mehr für Unterteile, Oberteile, Spielzeug, Wurmkur, Miete. Die öffentlich Vortragende wird bis zum Ende durchgehalten, Komplimente gehört haben, der mit dem dünnen Bart auf graubleichem Gesicht wird, ihre Hand drückend, gedacht haben, Rosa ist eine Farbe, die ihr nicht steht. Die Süchtige nach etwas, was es nicht gibt, wird wiederum nach Hause gegangen sein, lieber allein als mit einem, der nicht gut riecht, mit dem sie keinen Zungentausch mag, wird sich auf den nächsten Vormittag freuen. Die Arbeiten werden zwar mehr oder weniger die gleichen sein, es wird an ihr liegen, sie unterschiedlich zu machen, sie anders zu hören, zu schmecken. Die Vortragende wird sich nicht freuen, sie wird am Vorzutragenden sitzen, in Büchern suchen, verleugnen, dass ihr nichts anderes einfällt, als was den andern eingefallen, dass sie weder F. noch A. noch J. noch F. ist, versteht sich doch von selbst. Auf Papier überzeugt erklärend, wird sie stolz, dass sie eine unter vielen ist, die einer Zuckerspur entlang krabbeln, an Pulten stehenbleiben in sauerstoffarmen Sälen. Sie wird ihre eigene Angst weder Hundeangst noch Mäuseangst nennen, es ist eine singuläre Gürtelangst. Die mit dem Pelz über dem Busen, Freundin bedeutender Männer, frisch das Foto, leicht verschattet der Blick, ironisch das Lächeln, wird vierundsechzig, vierundsiebzig unwichtige Jahre lang tot sein. Sie ist es wie die andern, die keine Geistesmännerfreundinnen waren, die mit den kranken Beinen geht am Stock, wird morgen hinübergegangen sein in das, was niemand weiss, wo niemand ist. Und sie, die Süchtige, die eine andere zu sein wünscht, sucht anderswo weiter.

* * *

Gesichtspunkt

David war immer ein schweigsamer Mensch gewesen, aus Gründen, die er allein kannte. Bine fiel es daher nicht auf, dass er kaum mehr redete, sie mit verschwimmenden Augen anschaute, ihr sein rotfleckiges Gesicht zuwandte und manchmal, während sie ihm ihre Erlebnisse erzählte und daran ihre Folgerungen anschloss, lieb lächelte. So waren beide zufrieden. Sie war es auch. Sie hatten soeben gut getafelt, die Vorspeise geniessend, hatte sie sich auf die Hauptspeise gefreut, nachher auf das Dessert und eine Weile später auf die von Bine selbstgebackenen Köstlichkeiten. Um die scheusslichen Festtage nicht in einem Hotel verbringen zu müssen, wo alte Ehepaare an Zweiertischen sassen, Familien sich mit Kind- und Kindeskindern beschäftigten, wo Feinstaub ihren Atem beengte, Einsamkeit wie eine Staubschicht an ihr klebte, verbrachte sie die seltsam trägen Tage der dunkeln Lichter und der Erinnerung an Unwiederkehrendes stets im Landhaus ihrer jüngeren Schwester. Sie konnte Musik hören, plaudern, spazieren, lesen, sich auf das Essen freuen, und es war angenehm, die Geräusche wahrzunehmen, die durch die Schiebetüre ins Wohnzimmer drangen, das Mahlen von Küchenmaschinen, das Klopfen einer Gabel, das Sirren von schneidenden Messern, das Brutzeln der Bratbutter, Geräusche, die sie aus der Lektüre behutsam wegführten. Noch lieber aber roch sie den feinen Geruch, wenn der Gratin im Backofen die Goldbräune annahm, hörte sie das leise Klirren des

Geschirrs, der Weingläser, von David auf dem Esstisch bereitgestellt. Sie konnte sich, ohne eine Hand gerührt zu haben, vom Sofa erheben, an den Tisch setzen und Bines Künste geniessen. Sie musste auch nicht viel zur Unterhaltung beitragen. Bine sprach mit David, der auch während der Mahlzeiten beharrlich schwieg, bloss hie und da einen Laut äusserte, der wie eine mit geschlossenen Lippen gestossene Abfolge von Zustimmung klang. Sie selbst schmückte Bines Rede ab und zu mit einem ihrer Einfälle. Manchmal warf ihr Bine einen lächelnden Blick zu, als wolle sie sagen, drei Anwesende bereicherten das Gespräch, während es unter zweien mühsam zu werden drohe. Während einer solchen Mahlzeit, als eine ungewohnte, etwas schläfrige Stille entstand, sagte sie: «Ich sage jetzt vielleicht etwas Unangenehmes. Das Jahresende hat eine ferne Ähnlichkeit mit dem Ende des Lebens, am Ende erst wird das Ganze sichtbar. Nur eines ist nicht zu verstehen: warum es so gekommen ist, dass ich nun allein bleiben muss. Ich fand niemanden mehr, der mir das Leben abnahm.» – «Das Leben abnahm?», wiederholte Bine, Unverständnis auf ihrem Gesicht. «Ja. Ich empfinde es seit geraumer Zeit als Anforderung, der ich nicht mehr ganz gewachsen bin, die ich nicht mehr, wie gewohnt, erfüllen kann.» – «Anforderung?», wiederholte Bine mit demselben Gesicht. «Ja die, die ich mir selbst stelle.» – «Dann hör doch auf, sie zu stellen», sagte Bine, leicht ungeduldig, «wer will noch Kaffee oder Wasser, mag jemand einen Grappa?» – «Bekommst du auch manchmal das Gefühl, dein Leben sei dir misslungen, und nun sei es für alles zu spät?» – «Nein», in Bines Stimme lag ein Ton von Missbilligung, «dieses Gefühl habe ich nicht.» – «Schon immer warst du übermässig introvertiert, eine Träumerin, du hast nun genau das Leben, das die Folge deines Wesens ist. Und es ist kein schlechtes Leben. Keine finanziellen Sorgen und Freiheit.» – «Die ich zu wenig nutze», sagte sie, «und, im Unterschied zu dir, weiss ich nicht, wer ich wirklich bin.» Die zwei Frauen glitten ins Schweigen, jede für sich allein. Bine wandte sich an David: «Weisst du, der, der da im vordersten Haus wohnt – seine Frau ist doch vor Jahren in den Weiher gesprungen, ich habe ihn zufällig auf der Strasse getroffen –, hat mich gestern zu einem Drink eingeladen, wahrscheinlich, um es mir erzählen zu können. Der Mann hatte einen Sohn, Ludwig hiess er, war Physiker, und dann war er plötzlich kein Ludwig mehr, nannte sich Jeanette. Hatte alle Operationen gut überstanden, teilte es seinen Schülern mit.» – «Als ob es so einfach wäre», warf sie ein, «seine Identität zu wechseln. Die Probleme bleiben. Und zu den gleichen Problemen kommen neue hinzu. Ich weiss von jemandem, der, nein, die ist jetzt dauerkrank, invalid, ein Fürsorgefall.» – «Jeanette machte Klettertouren, fuhr abseits der Piste im Tiefschnee, sprang über Felsen, spielte weiter Fussball, als ob sie ein Mann wäre.» – «Er ist es eben, ob er es will oder nicht.» – «Begann dann mit Schönheitsoperationen», fuhr Bine fort, «das Geld dazu hatte sie, nein, er. Er hatte einen Vater, der vermögend war.» Sie lachte, Bine lachte nicht, und ihre Schwester vermisste das gemütliche Gefühl von Verwandtschaft. «Jeder Mensch», meinte sie, «das ist doch bekannt, hat Anteil an beiden Geschlechtern, auf besondere Art, in eigentümlicher Mischung, bald regiert das eine, bald das andere. Wozu denn all das Blutvergiessen.» – «Eine Frau kann sich hinlegen und sich bedienen lassen, das kann ein Mann nicht, nicht ausserhalb des Bettes und innerhalb nur zeitweilig, ausser er besucht ein Bordell, könnte das der Grund sein?», meinte Bine. Sie knabberte an einem Gebäck in Form eines Sterns, mit Vanille, einem Schuss Kirsch im Butterteig, trank ihren zweiten Espresso. «Eigentlich hätte ich mich auch gern bedienen lassen, vom Leben meine ich, auch wenn ich nicht so naiv bin, es der Position in einem Geschlechtsakt gleichzusetzen.» – «Was meinst du, wenn du Leben sagst?», fragte Bine. «Ich weiss es immer weniger», antwortete sie, «ich meine nicht nur das Leben des Körpers, wie es der Magier vom Zauberberg merkwürdig und ausführlichst beschrieben hat. Ich meine das, was ich getan oder nicht getan habe, gefühlt, gedacht oder nicht gefühlt habe, nicht gedacht, auch an das, was mir gegeben oder nicht gegeben wurde, geschenkt oder eben nicht geschenkt wurde. Leben ist etwas, wofür ich keine exakte Definition habe. Dieses Namenlose aber hat für mich jetzt eine klar umrissene Form, einen bestimmten Gehalt, und genau mit dieser Form und diesem Gehalt bin ich nicht zufrieden. Form und Gehalt, soweit sie in meiner Macht lagen, sind mir misslungen.» – «Alles war so, wie es war, und damit war es richtig», meinte Bine. «Für dich ist die Vorstellung von einer anderen Lebensweise vielleicht unentbehrlich, aber doch nur als Phantasie, als Dahinrollen von Würfeln, auf deren Flächen Licht verschiedener Wellenlänge geworfen wird.» – «Und wenn diese Vorstellung von einem anderen Leben nicht Phantasie bleibt, sondern zu einem schmerzenden Gefühl des Versagens wird? Soll ich dann noch allem Gewesenen die Genehmigung geben? Das kann ich nicht.» – «Dann landest du im Unglück.» – «Welches Unglück, kluges Mädchen? Sag es nicht, ich weiss es. ich muss glauben, ich muss hoffen, ich muss lieben, auch wenn ich glaube, ohne zu glauben, hoffe, ohne zu hoffen, liebe, ohne zu lieben. Ein Philosoph, Kenner von Thomas von Aquin und der Antike, hat einst in seinem Buch ‹Das Viergespann› die alten verschollenen, vergessenen Tugenden: Klugheit, Gerechtigkeit, Tapferkeit und Mass, mit schöner Klarheit untersucht und beschrieben, verglich sie mit vier Pferden in einem Gespann, das durch alle Fährnisse zieht. Sofern die Lenker ihre Kunst verstehen, wären jene Tugenden unentbehrlich zur Führung eines richtigen Lebens. Zumindest dankbar bin ich, dass wir einst eine Erziehung bekamen, die uns, auch im Nachhinein, einen festen Boden gab. Du und ich lagen in den gleichen Nährböden.» – «Du kannst es auch weniger hochtrabend sagen», meinte Bine, «die Wirklichkeit des Lebens hat eine gute Eigenschaft. Sie wirkt. Gesichtspunkt, Entscheidungen müssen sich ihr anpassen.» David verliess den Tisch, ging aus dem Zimmer. «Ich bin froh, dass es ihm noch so gut geht», sagte Bine. «Ludwig, der Sohn des Mannes, der eine Frau sein wollte und dem das mit aller Anstrengung nicht gelang, hat, wie ich von seinem Vater hörte…» In diesem Moment kam David zurück und sagte deutlich: «Das Wetter hat sich geklärt. Wollen die Damen mit mir nicht an die frische Luft?» – «Ja gern», sagte sie, «und, was hörtest du?» – »Erschossen hat er sich, letzte Woche.» – «Als Frau oder als Mann?» – «Hör auf, frage den, der nur noch hinter dauernd heruntergelassenen Rollläden umhertappt.»

* * *

Lass sie reden

Diese Musik, stell sie ab, ich ertrag sie nicht. – Warum denn, du kennst sie, es sind die ... – Schweig! Sie ist unerträglich. – Warum denn? – Ich höre Erinnerung. – Die unvergleichliche Stimme der Norman, die unvergleichliche der Schwarzkopf, die unvergleichliche von Mirella Freni. – Sie werden trotzdem verglichen. Sie reden über Stimmen. – Lass sie reden, kritisieren, klassifizieren. – Ich kann sie nicht hören, ertrage sie nicht. – Höre sie, erlebe, dass du sie vergessen hast. – Willst du meine Tränen. – Jubeln sollst du, nicht weinen. – Erinnerung ist selten zum Jubeln, nicht einmal zum Sagen. – Sie ist wortlos. – Darin gleicht sie der Musik. – Sie ist ein Meer. Wer sich ungerüstet hinauswagt, ertrinkt. Kennst du das Meer, Binnenländerin? – Acht Jahre Erinnerung, acht mal dreihundertfünfundsechzig Tage Wortlosigkeit, ein dem Menschen unwürdiger Zustand. – Eine grosse Stimme, wie bekommt eine Frau solch eine Stimme? – Wunderbare Stimme. Luxussängerin wurde sie genannt. Vollendete Technik. Vollkommener Klang. Makellose Intonation. Das Orchester, ein Geschöpf der Herrin. Der Dirigent hat sich ergeben, legt einen Klangteppich aus. – Horch nicht auf einzelne Instrumente, höre die Stimme. Überwältigend. Berauschend. Sie trägt dich hoch. Lässt dich schweben. Erinnerung, pah! Merkst du nicht, dass sie flach geworden, verwischt, trocken ist, wie sie abblättert, Staub wird? Sie ist nicht mehr die Stimme, die dich berauschte, dir erlaubte, auf falscher Fährte zu zerfliessen. Höre diese Stimme! Die ist nicht der Tod. Oh nein. Keine Klage, kein Jammer, keine Einschüchterung. Wie sie triumphiert auf den hochlodernden stählernen Flügeln ihrer Gewissheit! – Sängerinnen haben es gut. Ich aber bin stimmlos. Der Komponist, Liebhaber der Frauenstimmen, hatte es gut. Blickt zurück auf Werk, Erfolg, Ruhm, Bewunderung, Liebe, Reichtum. Meisterhafte Instrumentation, wird ihm nachgesagt, Melos-Süsse. Blickt zurück auf Arbeit, Anstrengung, Zweifel an sich selbst, Disziplin, Fleiss, Wille. – Nimm Zuflucht zur kindischen Frage: Was ist gross, was ist klein? Hat jemand die Wahl? – Hat jemand eine Wahl? Die Stimmen haben keine. Er hatte auch keine. Wie lang dauert diese Sendung? Wie lange reden sie noch über die Stimmen, die Musik? – Lass sie reden. Wir warten auf den Gesang.

* * *

Abschälung

Ohne es zu wissen, weiss sie es: Sie werden sich noch einmal sehen, kurz bevor sie stirbt, sie fünfundachtzig, die andere dreiundfünfzig, und sie werden sich verstehen. Sie brauchen sich nichts zu sagen. Im Verständnis all dessen, was ihnen die Jahre zugefügt, weggerissen, zerstückelt, geflickt und hinterlassen haben, werden sie sich berühren in einer körperlosen Umarmung, die alles umfasst, was in ihren Leben wichtig war. Sie werden lächeln, die Heiterkeit ihres endenden und beginnenden Alters wird sie plötzlich durchflutet haben, und in der Gewissheit, dass das Gewesene einen unerklärlichen Sinn barg, den sie nie erfahren, werden sie Vergangenes betrachten wie das Bild einer Ausstellung, zu dem sie gereist sind, um ihm lange, ihm allein, Ehre und Anerkennung zu geben.

Jetzt, in der Gegenwart, geht sie durch einen alten Park. Er ist nicht übermässig gross, keine Verlorenheit überkommt sie. Sie hat Zeit, viel Zeit, jede Unrast ist von ihr abgefallen. Sie betrachtet die Bäume, ihre Blätter, flüstert ihre Namen. Die Stämme sind durchsetzt von Lorbeer und Büschen, und dort, wo ein kleiner Bach aus den Bergen dem See zueilt, ist der Park verstruppt, mit Jungwuchs verwildert. Der Bach, von schrägen moos- und strauchverwachsenen Steinmauern gefasst, wird vor der Mündung mit geschälten, verhakten Baumstämmen gehindert, die Ufermauer auszuhöhlen. In der Frühe wirbelte er, als Wildwasser angeschwollen, daher, Steine rumpelten in ihm wie Donner, er goss seine braune Schlammflut weit in die Klarheit des Sees hinein. Eine sechsstämmige Tuija entlässt sie in das Sonnengrün des alten Gartens mit Rasen, Pavillons, vierschaliger Tuffsteinfontäne, Magnolien, Hortensien, Kieswegen. Unter einem Baldachin aus Glyzinien setzt sie sich, sieht über die weissgedeckten Tische in das Dunkel der Parkbäume, zu hören ist nur das Geräusch brechender Wellen. Die Ufermauer ist gekrönt von einem fein ziselierten Eisengitter, die Pilaster tragen marmorne Amphoren. In der vormittäglichen Frische sind die Sonnenstoren über den Esstischen noch nicht herausgekurbelt, die Bedienerin, weit vorne, faltet Tücher, kümmert sich nicht um sie, es ist, als sei sie einziger Gast. Ab und zu rauschen Schiffe nah vorüber, weisse Schiffe, Flüelen, Winkelried, Europa, Stadt Luzern steht mit goldnen Lettern auf ihren Flanken, ihre bunten Gäste tragen weisse Sommerhüte, das Rauschen ist ein müheloses Gleiten, leicht wie wolkenumfahrne Himmelsbläue. Endlos leckt das Wasser am Stein, der Stein ist ihre Lebenszeit, wäre sie doch schon zu Sand geleckt. Hier wird sie reif für das Ende, hier in den echten wie unechten Überresten aus vergangenen Gartenformen, hier in diesem Nichtstun, Nichtsgeschehen, in der Unabänderlichkeit der Gefühle. In den Monumenten entschwundener Hotelzeiten ist sie aufgehoben, hier muss nichts mehr geschehen, alles geschah schon vorher, ist vorbei und doch nicht vorbei. In dieser Umgebung, an diesem flimmernden See, gibt es keine Zeit, eine Ewigkeit schon untergegangen ist sie. Ist wie ihre Seele, stirbt nie und ist doch immer am Sterben. Jahrhundertwenden wenden nichts, Geschichte ist da, solange sie in ihr lebt. Sie achtet die stilvollen Lügen, den verrücken Anschein, eine vorübergleitende Barke, auf der die Werte, die Ideen sonderbarerweise noch gelten, sie mag die Illusion einer süssen Verzweiflung, das Bild und das falsche Bild, das Vorurteil, das Nachurteil, das Nichtwissen. Verführerisch ist jedes Nichtwissen. Nicht zu lange darf sie den See anschauen. Ihr schwindelt. Alles wankt, Bäume, Berge, Uferlinie. Sie müsste diesen Ort fliehen. Löst sie sich auf, verliert sie sich, verschwimmt sie? Was tut ihr dieses Wasser an? Helles Blau vereint mit Glitzergrün, Vorderseiten der Wellchen etwas dunkler, bewegungslos in Bewegung, der See ist nie, wie er scheint, was tut er ihr an, abends flüssiges Silber mit Patina, im Abendrot schwarzes scharfes Metall. Was sie der Gefallsucht, dieser Verflüssigung, Verschwimmung entgegensetzen kann: Sie isst und trinkt, viermal am Tag. Morgens Gabelfrühstück mit Prosecco, dann Kaffee mit Croissants, mittags italienisch, nachmittags Tee und Kuchen, abends Wein, Vorspeise, Süppchen, Fisch, Gemüse, Desserts. Sie verfestigt sich, und Erinnerung bleibt, wo sie ist und zu sein hat.

Sie werden sich noch einmal sehen. Einer Flamme gleich werden Liebe und Hass überspringen, eine Liebe, von Hass genährt, dauert. Diese Kraft wird zurückschlagen und sie töten. Liebe, Hass, diese Spannung, diese Differenz, dieses elektromagnetische Feld hat sie durch die Jahre getrieben, die Arbeit inspiriert, die Nächte verdunkelt, den Tag zum Tag gemacht. Unaufhörlich dachte sie an sie, auch wenn sie nicht an sie dachte, sie vergass, vergisst, dachte und denkt etwas in ihr an sie und spricht, hämisch, heiter, vertrauert. Sie existierte, weil sie sich gekannt haben, und darum existiert sie jetzt. Viel in ihrem Leben steuerte auf die Begegnung mit ihr zu, nach dem Bruch lief vieles zurück. Sie wird von sich und von der anderen umkreist, beleuchtet, verflucht, gelobpreist. Bedeutungslos zu sein, erträgt sie nicht, ein Zellgekröse wie Milliarden andere, verderbliches Fleisch, das verscharrt, rasch verbrannt wird. Sie erträgt es nicht, irgendeine schicksallose Person zu sein, sie häuft auf die Gestalt, welche die Liebe verkörpert, Einzigartigkeiten, zieht all diese Vorzüglichkeiten ganz an sich, denn in dieser Liebe wird auch sie einzigartig, ist wie sie von grosser Bedeutung, wie sie bekommt sie unwiederholbare Wesenheit. Sie scheint jetzt die von ihr Verlassene zu sein, aber das wird sich ändern. Sie kann, muss, wird nie die Verlassene sein. Für ihren frevelhaften Stolz wird sie manchmal mit Melancholie bestraft. Das lässt sie gleichgültig, lieber ohne Glück sein als den Stolz hergeben. Sie trägt ihr Unglück mit Wohlgemutheit. Ihr seltsamer Liebeshass hat jede Energie verloren, wünscht nicht das Böse, wunschgesättigtes Glück wünscht er, ein Begrabenwerden im Glück.

Sie geht in einem Bademantel über das steinerne Brückchen, legt den Mantel ins Gras, schlüpft aus den Slippern. Der See ist kalt, sie braucht Zeit, bis sie wagt unterzutauchen, die Furcht vor einem Herzschlag von ihr weicht. Sie macht ein paar Schwimmzüge, strampelt, steigt hinaus. Wohlig erfrischt fühlt sie sich, unbesiegt, sitzt auf dem Mäuerchen, lässt sich sonnentrocknen. Das Mädchen bleibt auch nicht lange im Wasser. Für einen Moment kichern sie und das Mädchen über einen Schmerbauchigen mit schütterem Kinnbart, der sich nur einen Fuss benetzt, sofort zum Liegestuhl zurückkehrt. Sie will nicht mehr allein reisen, muss eine Begleiterin haben, die sie bezahlt. Eine Architekturstudentin, die ihr Geschichtchen aus ihrem jungen Leben erzählt, erklärt, warum ein Bau gut ist und warum nicht, sie in Ruhe lässt, wenn sie die Hand an ihre Lippen legt, so wurde das abgemacht. So verschwindet die Fremde immer wieder aus ihrer Gegenwart. Zu all dem, was sie, die in ihrem Stammhirn sitzt, ihr hinterlassen hat, gehört: Menschen sind ihr ohne Eigenschaften geworden, reizlos, ermüdend.

Sie fährt mit dem Schiff, und sie klassifiziert. Das Zuordnen schwächt dem Geordneten das Unheimliche. Der See ist er selbst, das Gesicht der Luft, des Lichts, ist Spiegelung, Chemie, und das, was er erweckt und einschläfert. Der Bau am See, auf den das Schiff hinzielt, ist visueller Genuss und Ruhe vor dem Genuss, kein Zierat ist an ihm, *form follows function*, sagt die Studentin, eine vollendete Tatsache ist er, Nüchternheit, gewichtslose Kraft. Die einzige Beeinträchtigung geschieht ihm durch den Menschen und das, was auf Märkten verkauft werden kann. Doch wenn sie sich den Bau, die Anlage vor und um ihn ohne Menschen vorstellt, die Stadt, den See ohne Menschen, spürt sie ein Grauen. Auch sie braucht den Menschen, um des Gedenkens und der Gedanken willen. Im Glaslift schwindelt ihr. Sie geht durch «Another world», eine Ausstellung mit zwölf Bettgeschichten. Achbett, Oobett, Kinder- und Traumbett, bodenloses Albtraumbett, Totenbett, flüsternder Fuss, schwebendes Handgelenk, Lippenorgie, Kerker, Lust, Qual. Als sei der Mensch angelegt und strukturiert aus erinnerter Gegenwart, gesuchte, geflohene, fesselnde, zerschnittene. Opfer der Erinnerung und zugleich Täter. Was ist Kunst? fragt sie ihre Begleiterin, hört nicht, was sie sagt, muss es sich selbst sagen, ist verdammt zu einsamer Tätigkeit, zu Untätigkeit: Die Abschälung. Des Unnötigen Abschälung. Macht der Tatsache. Entsagung. Der Versuch zur Versuchung. Wagnis. Spiel. Ist Kunst die Schläferin und das äusserste Wachsein, wie auch der dazwischenkommende Unbekannte mit der Peitsche?

Sie geht zu den Bildern einer Ausstellung. Die fallen schwer herunter, hängen sich an die zu kleinen Wände zurück, in die falschen Rahmen zurück, dämonische Beweger. Gewaltig streiten sie um ihre Herrschaft: Ich, das Ding der Welt! Sie muss vor ihnen breitbeinig stehen, den Abstand befehlen sie, Abstand. Nein, nicht jetzt zu den ganz anderen, den kleinen Traumstücken mit Zaubergestik. Eines eng am andern, anderes eng neben jenem, nein, diese jetzt nicht, sie ist schon blind.

Sommer, Wasser, Bild und Angedachtes, saugen ihr am Blut. Sie will an den Winter denken, Eis im Park, Schnee auf dem Bau, Hotel leer, einzig das Kursschiff fährt, wirft müde Arbeiter aus, und sie fröstelt unter dem Regen auf ihrem Schädel. Wird dieser unbelehrbare Kopf zur Vernunft finden, regelmässig ticken, befreit sein, will er endlich kein Erinnern mehr, will er Leere. Und dann?

Sie ist wieder bei sich. Beim Einzigen, was ihr verblieben ist. Sie setzt ein Komma, einen Punkt, der Tag ist vorüber, sie liest ein paar Seiten, die Nacht liegt am Fenster, wird alt. Ihr Altwerden aber ist ein inneres

Fieber, das nicht ausbrechen, nicht lodern darf und kann. Erst wenn es erlischt, hat sie die Konstruktion der Liebe beendet. Vorher aber wird sie ihr noch einmal begegnen, glücklich zu wissen, dass ihr Leben zu Ende geht und wozu sie von der Sehnsucht getrieben wurde.

* * *

Cannobio

Vor dir kann die schönste Landschaft sein, das hübscheste Städtchen, du siehst nichts. Wenn ich nicht gesagt hätte, schau die schönen Gässchen, die zwischen den alten Mauern hinaufführen, dieses buckelige, das zu einem Tor führt, durch das ein Licht glänzt, wärst du blind daran vorbeigegangen, sagte Luzia. Wenn ich nicht gesagt hätte, schau die schönen Kandelaber auf der Piazza, belegt mit Granit aus der Gegend, schau die Farben der Häuser, sieh die Harmonie von Natur und Menschenwerk, ja, erinnerst du dich? Und schön war, dass es heute ganz wenig Touristen hatte, alles ruhig war. Schön, schön, was heisst denn das, brach es aus ihr, die gegenüber der Freundin in deren Wohnung auf dem Sofa sass, in einem von Licht und Luft erfüllten Zimmer, in dem jeder Gegenstand, die Möbel, die Vasen, die Schalen mit Blumen, die Leuchter, das, was an den Wänden hing, auf dem Boden lag, auserlesen war, eine Wohnung, in der alle Dinge in den Räumen richtig waren, ein unlangweiliges Ganzes ergaben, auf überraschende Art erfreuten, eine bequeme grosse Wohnung, deren moderne Architektur mit zwei weissen überdachten Terrassen in den Palmengarten hinausgriff, in den südlichen Herbst. Lass mich sein, Luzia, bitte, sagte sie, Cannobio mag hübsch sein, aber schön? Wenn ich dir erzählen würde, was mich, während ich, deiner Meinung nach, nichts gesehen habe, in Beschlag nimmt, würdest du es kaum hören wollen. Die Glücklichen, die, wie Augustinus sagte, alles haben, was sie wollen, sind unfähig, den Reden der Darbenden ihr Innenohr zu öffnen, nicht aus böser Absicht, sondern aus ihrem Recht zum Glücklichsein. Zumal es unnütz wäre. Noch kein einziges Wort auf Erden hat es zuweg gebracht, eine Hungernde zu stillen. Was mir Nahrung würde, weiss ich jedoch nicht. Seit ich sprachlos geworden bin, hat die Welt Wirkung und Wert verloren. Zudem scheint meine Identität zusätzlich geschmälert. Ich entdecke in mir neue Gefühle, die des Neids, leide unter schäbigen Regungen. Du hast nebst dieser Wohnung zwei Häuser. Ich habe nicht nur meine Sprache, sondern auch meine einzige Wohnung verloren; weisst du, dass man eine Wohnung verlieren kann, obwohl man immer noch in ihr lebt? Ich sehe dein Gesicht, und das sagt mir, dass ich nicht weiterreden soll. Liebe Freundin, sagte Luzia, das ist blanker Unsinn. Du hast keine Wohnung verloren, und verlieren wirst du deine sogenannte Sprachlosigkeit schneller, als dir lieb ist, geniesse sie, solange du sie hast, Sprache kann auch Fluch sein, hast du selbst gesagt. – Aber was meinen wir, sagte sie, wenn wir das

Wort ‹schön› brauchen, was sagst du, wenn du sagst: Das ist schön? – Siehst du, du kannst es immer noch nicht lassen, schön ist etwas, was das richtige Mass hat. Seine Funktion so einfach wie vollständig erfüllt. In Harmonie und zugleich in Spannung ist. Kurzum: Schön ist etwas, was ich will oder möchte. – Willst du denn Cannobio? – Ja, in gewissem Sinn, indem ich es sehe. – Aber du kannst doch nur das Schöne wollen, wenn du es zuvor als das Schöne erkannt hast. Was aber ist das, was es dich erkennen lässt? Ist es dein Kunstverständnis? Verständnis liesse sich lernen. Es gibt kunstverstehende Menschen, die haben wenig Geschmack, in ihren Wohnungen findet sich Unvereinbares, ein falsches Möbel, ein falscher Vorhang, ein schlechtes Bild. Sie haben möglicherweise nicht deine unbeschränkten Finanzen, das Schöne zu erwerben. – Unbeschränkt sind meine Finanzen nicht. Das Erkennen ist eine Art von Wissen tief unter dem Wissen, aber das lässt sich nie ganz erlernen. Die Differenz ist wahrscheinlich der feine Unterschied zwischen talentiert und begabt. – Also könnte Cannobio ein Produkt deiner Begabung sein, sagte sie, die einen haben sie, die anderen nicht und nie. Oder sie haben sie verloren. – Nicht ganz richtig, das Schöne ist schön, auch wenn es nicht gesehen wird. – Aber es bleibt noch der Unterschied zwischen hübsch und schön zu finden. – Deine Aufgabe, sagte Luzia, mach dich bloss an die Arbeit. – Nicht heute, nicht morgen, sagte sie, nicht, solange ich bei dir bin. Und es gibt einiges, das bleibt für mich am besten ungeklärt. Ich lebe von Geheimnissen.

Luzias edle Höflichkeit, selten wie duftende Rosen, erweckte von neuem ihre Bewunderung. Im Restaurant, in dem die Freundin das Gebotene, wie jede Handreichung der Weiss-Schwarz-Gekleideten, ihrer Meinung nach überbezahlte, sagte sie, würden Sie, wenn es Ihnen nichts ausmacht, uns nochmals ein Mineralwasseer bringen, mit Zitrone bitte. Danke schön, sagte sie mit ihrem schönsten Lächeln, und es war wunderbar, ihr gegenüberzusitzen, ihr Lächeln zu sehen, ihrer Stimme zu lauschen. Gibt es noch jenes deliziöse Beeren- und Vanille-Sorbet-Dessert?, fuhr sie fort, ich habe es schon oft bei Ihnen genossen, als Vorspeise wünsche ich mir etwas Melone mit Rohschinken, für den Hauptgang bringen Sie mir bitte die Karte, danke schön. Was Luzia gewählt hatte, wählte auch sie, so wusste sie, dass sie das Beste bekam. Luzia war eine Frau mit Geschmack. Nicht nur in der Auswahl der Speisen und Weine, sie war es in allem. So hing ihre Persönlichkeit nicht von der Wahl ihrer Kleider ab, ganz selbstverständlich erschien sie in einem zerknitterten Leinenrock, mit dem sie im Garten Unkraut ausgerissen hatte. Sie konnte sich Geschmack leisten, sie war reich. Ob sich ihre Bewunderung für sie verringert hätte, wenn Luzia sich nichts hätte leisten können, das fragte sie sich nicht. Frauen, die sich mit Intelligenz und Kraft Reichtum erarbeitet hatten und dabei frisch wie der Sommer und generös geblieben waren, hatten leichtes Spiel mit ihr und ihrem etwas kindlich gebliebenen Gemüt und ihrer Sucht nach Rangordnung, bei der sie sich frohgemut auf dem untersten Treppchen stehen sah.

Sie erzählten sich ihre Erlebnisse, redeten über gelesene Bücher, von Theatern, vom Theater der Politik. Mit Luzia liess sich reden, wie sie es liebte, die Freundin war gleich ihr noch in einer vergangenen Welt beheimatet, beide glaubten nicht an deren endgültigen Untergang. In einem begüterten Elternhaus aufgewachsen, war sie in einem italienischen Institut von gelehrten Nonnen mit humanistischer Bildung versehen worden, mit Latein und Griechisch, dann studierte sie Medizin in Tübingen, arbeitete sich erfolgreich als Ärztin hoch. Jetzt sei sie endlich Freifrau, hatte sie bei der Aufgabe der Praxis etwas ironisch gesagt. Eva ihrerseits kam aus einem bescheideneren Elternhaus, durchlief ein Gymnasium, begann Germanistik zu studieren, bekam ausgestorben geglaubte Tuberkulose, lag in Arosa in Einzelhaft und fing in ihrer Verzweiflung an zu schreiben. Ihr erstes Buch wurde ein Erfolg, das nächste von der Kritik gelobt, von wenigen gekauft, und dann kam nichts mehr. Sie verdingte sich als Lehrerin für Deutsch an einer Privatschule in Genf, vergass das Schreiben, heiratete einen Kollegen, bekam einen Sohn, liess sich scheiden, mit fünfundsechzig erschien ihr nächstes Buch, von der Kritik verrissen, was sie zur Annahme nötigte, es werde ihr letztes bleiben.

Sie blickten sich in die Augen, die von Luzia waren dunkel, mit einem goldenen Sprenkel, Dunkelbraun mit Orange; nur wenn sie ins Reden kamen, lösten sich ihre Blicke voneinander, auf den geheimen Pfaden der Erinnerung musste jede allein sein. Sobald es möglich war, suchten sich ihre Augen wieder, und sie ruhte sich aus. Ihr Ausruhen wurde durch den Gedanken gestört, dass sie nicht zu träumen, sondern Luzia zu unterhalten habe, sonst verlor sie möglicherweise das Interesse an ihr. Sie gab sich einen Ruck, erzählte von einer wieder aufgenommenen Arbeit in den leuchtendsten Farben, ach, in welchen Farben! Sie log das Blaue vom Himmel herab, freute sich, wie gut ihr das gelang, sie gefiel sich, zwang sich zur Lüge, die Schreibhemmung, von der sie plötzlich glaubte, sie sei reine Einbildung, in Luzias Gegenwart löste sich jedenfalls ihr Kummer, wurde zur Euphorie. Für dich schreibe ich weiter, dachte sie. Ihr Zustand würde nicht hoffnungslos sein. Menschen wie sie nannte Luzia kreativ, Menschen, die das machten, was die Masse nicht konnte, deren Hirn Funken schlug, obwohl es vom Strom abgeschnitten war, Menschen, die als Gescheiterte noch Siege errangen, vor Glück sprühten, obwohl das Unglück sie nicht aus den Klauen liess, wo immer sie sich auch verkrochen. Nein, nein, sagte sie, nicht ich, du bist kreativ, hast die Innenarchitektur deines neuen Hauses selbst übernommen, entwirfst die Gartengestaltung, machst das, was mir nur ansatzweise gelingt, du verwandelst Vorstellungen und Gedanken in greifbare Materie, in die einzig mögliche Form, in dauerhafte Sichtbarkeit. Du hast traurige Augen, sagte Luzia, und sie antwortete, kümmere dich nicht drum. Mit Anstrengung verhinderte sie das Ausbrechen anderer Gedanken, sagte nicht, ich bin ohne Hoffnung, sagte nicht, in Wirklichkeit ist von Gelingen keine Rede, ich verdorre, verhungere, weiss nicht, wie ich mein Leben ertrage, so wie es ist, wenn ich dir nicht gegenübersitze, wie es ist, wenn ich in mir eingesperrt bin, nicht arbeiten kann und die Zeit verplempere mit Sinnlosem. Mein Leben ist, sagte sie, wenn ich es mit Nüchternheit betrachte, in Unordnung geraten, ich sollte es ändern, fühle mich aber unfähig dazu. Sie lächelte, sagte nicht, gottlob hab ich von Mutter etwas Geld geerbt, sonst hätte ich auch noch finanzielle Sorgen. Luzia, mit ihrer klaren Vernunft, sagte, dein Leben bist du, du allein, nichts anderes gilt, als das, was du bist, in jedem Zustand, unter allen Umständen. – Meinst du das wirklich, erwiderte sie, wagte aber nicht zu fragen, auch wenn mir nichts mehr gelingt?, hielt sich mit aller Macht an Luzias Augen fest. In ihnen, in dem, was sie symbolisierten, versinken wollte sie allerdings nicht, nicht wiederum in etwas hineingeraten, was ihr den Boden weggezogen hätte, nicht nochmals verunglücken wollte sie, nicht zu Verheissungen taumeln, nicht von jenem unkörperlichen Verlangen nach was? ja nach was? überwältigt werden. Was geschah mit ihr? Was fürchtete sie, was verwirrte sie? Die Freundin blieb völlig unverwechselbar, glich nie jener, die aus uneinsehbaren Gründen sie noch immer zu beherrschen vermochte. Nach wie vor würde sie nicht imstande sein, an den Schreibtisch zu gehen und mit gefesselten Händen und gebrochenem Gehirn zu schreiben.

Luzia erzählte von einem kleinen, belustigenden Ärger mit ihrem Ehemann. Nein, wie unverständlich, warf sie ein, ist das seine Schwäche, das darf doch nicht wahr sein, stopp, dachte sie, was plapperst du. Unvermittelt sagte Luzia, es ist schon wieder spät, ich muss nach Hause, zu Ehren deiner nächsten Arbeit gestattest du mir, dass ich dich heute eingeladen habe. Würden Sie so freundlich sein, alles auf eine Rechnung zu setzen, sagte sie zur herbeigeeilten Serviererin, mit ihrer Stimme, von der sie nicht ahnte, wie sie auf ihr Gegenüber wirkte, ohne Ende hätte sie ihr zuhören mögen, danke, sagte Luzia mit ihrem Lächeln, ich Spinnerte nehm halt immer dasselbe, weil es gut ist. Immer bezahlst du, findest einen Anlass, mich zu beschenken, sagte sie, ging etwas beschämt zur Toilette.

Draussen war eine makellose Sommernacht. Vor ihnen wölbte sich hart ein baumloser Hügel, scharfschwarz gegen einen blassen Nachthimmel, es war, als stünden sie auf dem Mond, sähen die sanfte Rundung der Erde, ausserirdisch und doch ganz nah. Ihre Wangen berührten sich, sie schmiegten sich einen Moment aneinander, sie roch Luzias Parfum, spürte ihren Busen. Mit ihrem starken Wagen fuhr die Freundin langsam vor ihr den Hügel hinunter, als zeigte sie ihr den Weg, wusste, dass sie sie mit ihrem billigen Auto niemals eingeholt hätte. Auf der Hauptstrasse, wo Luzia links abbog, zog sie rechts an ihr vorbei, hatte die Scheibe runtergelassen, winkte, fühlte einen kurzen Augenblick den Hauch jenes Glücks, das sie für immer verloren geglaubt hatte, war überrascht, als sei sie auf einen Berg gestiegen und sähe unter sich eine unerforschte Landschaft aufgehen, traute sich die Klarheit des Denkens, Verwandlung der Bilder auf einmal wieder zu.

* * *

Die Zahl

Seit langem vermutete sie in den Zahlen, die mehr sind oder bedeuten als das, wozu sie gebraucht werden, eine Wesenheit, die mit ihrem Leben in heimlicher Beziehung stand.

Der Tag ihrer Ankunft am neuen Ort war der 1. des 10. Monats, es war der Abschiedstag ihres Vaters. Als sie 16 war, war ihr Geliebter 61. Er war ohne eigene Mitsprache ihre Liebe geworden, eine ahnungslose magere Gestalt, die oft in die Berge stieg. Er verhinderte das rote Verblättern der Pfingstrosen, die er in die kühle Sakristei trug, mit Händen, von denen sie sofort begriff, dass sie das wichtigste Mittel des Mannes waren, sich am Fels festzukrallen, Frauen seilten sich an Haaren ab.

Die Welt schwankte, dann stand sie schief, die Kirschen schwappten über den Krattenrand, Bäume sausten in den Himmel, der Himmel lag wie ein See mit hellgrauen Fetzen. Sie hatte soeben Radfahren gelernt, brachte Früchte zu ihrer Mutter, die davon einen glänzendharten Kranz auf ihren schwarzen Hut setzte, bevor sie ihr das Knie verband, bevor sie das Mädchen herumwirbelte: Jetzt bist du 6, und als du auf die Welt kamst, war ich 4 mal 6, wir wurden wir, und jetzt sind wir zusammen 36. Und nachdem die Ältere diese mittlere, doch immerhin zart vorwärtsdrängende Zahl 30, diese gar nicht abschließende, eher frühsommerlich pulsierende Zahl erreicht und um 6 mal 6 überschritten hatte, starb sie, am selben Tag des 9. Monats, an dem die Jüngere über den Gipfel kam. Über den Fels der Liebe, der überstiegen werden muss in Hitze und Herzgeräusch, mit einem Abrutscher auf einer Geröllhalde, die sich als gefahrlos erweist, und in einer Schlangenknöterichwiese, leicht sumpfig, endend in Lila, bei hinterhältigen Nebelchen, die den Eindruck des Davongerutschtseins noch verstärken.

Passstrassen tragen unsichtbar die Zahl 9. Abschiedspunkte, Überwindungspunkte, Hintersichlassungsorte besitzen diese vertrackte Zahl 9, die umgekehrt zu 6 wird. Sind es Komplementärzahlen, die einander besaugen, als wären sie Vampire, sich nicht mit Körpersaft begnügen, nach mehr aus sind, nach den Gedanken, den Fünklein eines Gedankens, nach mehr als der Asche, dem Schlaf, der das Heimlichste ist. Die 9 ist die letzte Bastion vor den Teufeln der Liebe, die allesamt zur Ziffer 1, gefolgt von 0, führen. Zu Vermehrung und Auslöschung. Derweil es bloss von der Platzierung abhinge, vom Stellenwert. Ist die 0 vor oder nachher? Vor dem Essen oder nach dem Essen?

Wie alt bist du, sagte sie, der Knabe sagte 9, er lächelte. Sein Lächeln, nicht das eines Kindes, das eines Androgynen, aus den Brüsten der Ersten, Entstiegenen, aus dem Gehirn des Zweiten, Entflohenen. Wo hatte dieser Mischling dieses Lächeln her, mit zartesten Lippen, einem Kinn, das einer Muschel glich, Nasenbuchten wie auf einem Gemälde in der gemauerten Galerie des florentinischen Fürsten, Bild, von keiner Sonne je getroffen, vergraben in Gemächern des schattenzehrenden Südens, wo, wo hat die Frau dieses Lächeln je gesehen, an wen erinnerte es sie, so langsam erlöschend, dass sie meinte, es bliebe ewig. Sie, sechzig geworden, wünschte dieses Lächeln auf ihrem Gesicht zergehend, eine Maske aus Erdbeeren, als hätte sie Jahrzehnte keine mehr geleckt, als zwänge sie ihre verzogenen Häute in die Kurven jener Unbewusstheit, die am Anfang des Fliegens sein muss, sonst würden die Schläge nie ertragen. Der fremde Knabe hatte auf sie gewartet, den schlanken Körper halb ihr zugedreht, den Kopf ganz gedreht, das bildlose Lächeln, den schwebenden Tanz getan. Noch ehe sie die Treppe hinuntergestiegen war, verschwand er hinter der Tür, seine kleine Anbetung verwehte im Gang, der dem Korridor eines Gefängnisses glich, grauer Durchzug mit Fenster zur Wand. Wie alt bist du, sagte sie, ich habe es vergessen, wie heisst du, sagte sie, der Knabe, meisterhaft, sagte nichts, als wäre die Zeit auslöschbar, eine 0, er 9, sie 9, im Übergang, auf dem Pass, über den die beiden jetzt zu gehen haben, mit dem Lächeln, welches das ihrige geworden ist, unvergleichlich. Immer hatte der Knabe auf sie gewartet, alle Morgen, alle Mittage, ehe er hinter der Tür verschwand. Am Abend hatte sie ihn nie gesehen, sie hoffte auf die Morgen, die Mittage.

Jedes Spiel ein Spiel mit der Zahl, dem Wesen mit Bedeutung. Mit ihr durchs Leben geht sie. Die Liebe, das Nichts, die Liebe, der Anfang, die umkehrbare, rückwärtsgehende, komplementäre, die gleichbleibende, die Null ergibt, alle Lichter ineinandermischt, somit weiss wird. Die zeitversaugende Erzählerin, die vorwärts zählt. 1 die Eine, 2 der Andere, 3 die Verbindung, 4 die Welt, 5 die Mitte, 6 der Garten, 7 die Vertreibung, 8 der Spiegel, 9 der Übergang, 10 das Ende oder ein Anfang.

***

Bild

Das belichtete Gesicht hebt sich gross und scharf ab vom rötlich verwischten Hintergrund, in dem eine Menge sich bedrängender Journalisten, die Kameras ans Auge gedrückt, vom Mann mit diesem Gesicht und in diesem Moment der Geschichte ein Foto machen, ein Bild des Bildes, das kurze Zeit später in Zeitungsarchiven verschwinden, in Abfallsäcke gestopft sein wird. Der Mann hält seinen Kopf seitlich gedreht, vom Blitzlicht abgewendet. Als sässe er allein, schaut er sinnend vor sich hin, sein Auge ruht auf etwas Unsichtbarem, das Unsichtbare ist zugleich vor ihm und in ihm, es ist mächtig, doch er bemeistert es, sein Auge hält es gefangen. Sein Mund ist geschlossen, entspannt, auf der vollen Unterlippe, leicht geschürzt, ein Lächeln, das eher keines ist, ein verächtlich feines. Die starke Nase strebt nach vorn, gehalten vom rundfleischigen Kinn und der hohen Stirn, sie ist ins Antlitz verleibt. Die breite Wange, etwas rötlich angehaucht, möglicherweise gepflegt, ist nicht die eines Einundachtzigjährigen, und das Ohr, welch ein Ohr! Ein ungeheuerliches Ohr, an den Hinterkopf gerückt in der Form eines länglichen Knorpeltieres oder eines lappiggefrorenen Tiefseefisches, es hält die weissen, nach hinten gekämmten, starken Haare, an Stirnecken und Oberkopf gelichtet. Zeigefinger und Daumen der linken, auffällig kräftigen, doch schlanken, langen Hand – eine Altershand, eine sinnliche Hand, eine Schreibhand, eine, die ein Instrument ist – die zwei ersten Finger dieser

Hand liegen auf einer weisslichen, grau etikettierten, fein anzufühlenden, dünnen Mappe, die wenige Blatt Papier enthält. Im genau parallelen Abstand zu diesen Akten, gegen die Längsseite des dunkelroten Schreibtischs, hat er seinen Gehstock mit silbernem Knauf hingelegt, rechtwinklig zum Gehstock, mit genau parallelem Abstand zu den Akten, befindet sich eine schwarze Füllfeder.

Wieso hat sie dieses Bild aus der Zeitung aufbewahrt? Den dazugehörenden Artikel gelesen? Der fängt einnehmend an, darf wiederholt werden, die Journalistin ist eine Augenzeugin. Nichts ist augenscheinlicher als das Anwesendsein, das Gewinnen von Eindrücken und die sich daraus ergebende Überzeugung, während sich die Betrachterin des Zeitungsbildes mit Unwissen begnügen muss, mit der Formulierung der Journalistin oder, schlimmer noch, mit einer falschen Vorstellung des Gelesenen: «Die Topmanager traten einen Schritt zurück. Die Gespräche verstummten. Die Blicke richteten sich zur Tür. Schweren Schrittes trat er ein, setzte sich langsam an den riesigen Mahagonischreibtisch. Rechts und links von ihm nahm die Führungsspitze Platz: Konzernchef Paolo Fresco, Aufsichtsratvorsitzender Gabriele Galateri di Genola und Produktionschef in Turin Giancarlo Boschetti.» Ja, so könnte eine Geschichte beginnen, und mit Wirtschaftswissen, Staatswissen, historischem, soziologischem, psychologischem Wissen fortfahren. Und sie hat kein solches Wissen, bloss eine Schere, die das Bild ausgeschnitten hat, eine Hand, die es nicht zerknüllt hat, und warum hat sie das nicht getan? Der Avvocato, so wird er genannt, wird seinen Kopf den Wartenden im Saal zuwenden, die haben die Kameras abgelegt, bewegen ihre Finger auf den Laptops, und er horcht auf die Chiffren, die den Münden der Manager links und rechts von ihm mit Lippenbewegungen, Luftschwällen und Logismen sich entwinden: Sinkende Renditen, schwindende Marktanteile, scharfe Konkurrenz des europäischen Binnenmarktes, schwere Krise, siebzehn Milliarden Euro Schulden, Umstrukturierung, Personalabbau, Schliessung der Werke in Sizilien, Teilschliessungen in Turin, Mailand und Neapel, was anschliessend von den Wirtschaftsexperten in den Zeitungsredaktionen des Landes in verfehlte Modellpolitik, verpasste Internationalisierung umgewandelt werden wird. Hört er noch zu? Überlegt er sich geringfügige Änderungen an der ganz kleinen Rede, die eigentlich nur aus ein paar Sätzen besteht, zu denen er gezwungen sein wird, oder treibt er halb widerwillig, halb gewollt in einer Erinnerungsflut, oder ist das, was Erinnerung genannt wird, in ihm zu einer ihn erhitzenden Lava zusammengeschmolzen, in einen schweren Gedankenwirrwarr zusammengedrückt, beengt seine Lunge, presst ihm den Herzmuskel, überzieht ihn mit Schweiss, verkrampft seine Eingeweide? Hört er noch zu? Eiskalt, schneekühl, sich hütend vor Gefühlswallungen, die ihm den tödlichen Schlag versetzen könnten? Hört er nicht mehr zu? Sich bewahrend vor dem Zorn über die Unfähigkeit seiner Manager, will er keinen Rückfall in die Nachwirkungen einer eben überstandenen Krankheit, und die müde Trauer über sein Altwerden geht niemanden was an. Was geht durch ihn? Was stürmt durch seinen Kopf, wellt durch sein Herz, streicht über sein Ohr, was lässt seine Wärme fliessen, was kühlt seine Erregung? Er hat sein Werk getan. Unter seiner Führung wuchs es ins Riesengrosse, wuchs die Zahl der Beschäftigten, vermehrten sich florierende Tochterfirmen, Sohnestochterfirmen. Nach Irrwegen und Umwegen erinnerte er sich seines Erbes, baute mit Glück und Gunst der Nachkriegszeit Erfolg auf Erfolg, auch mit dem, was er sich verschweigt und immer schon verschwiegen hat. Er bestimmte die Wirtschaftspolitik, wurde eine Legende, bewunderter Industriekapitän, Ehrensenator auf Lebenszeit. Seine Ziele, auch das, woran er nie gedacht hatte, waren erreicht. Sein Lebenswerk geht mit ihm unter, das befriedigt ihn. Was geht ihn sein Clan an? Hundertsechzig Mitglieder soll er generiert haben, die sollen sich rühren oder zugrundegehn, vom Dauerzwist mit seinem Bruder hat er sich gelöst. Der Suizid seines Sohnes, der Tod seines Enkels, des vielversprechenden Nachkommen, bleiben ein unangenehmes Rätsel vergangenen Dunkels, über das er nicht mehr nachdenkt. Was gehen ihn seine Nachfolger an? Die unglücklichen Versager rechts und links von ihm sind nicht zu entlassen, sollen sie sich abstrampeln, sich Geschwüre anstressen. Die verzwickten Finanzverhältnisse, der undurchschaubar gewordene Aktienbesitz, die nun drohende Staatsbeteiligung und damit Einmischung eines Mannes, der sein Feind ist, das und viel anderes kann er nicht mehr ändern. Endlich, nach langen wiederholten Äusserungen, schweigen sie. Und mit fester, wohltönender Stimme beginnt er seine paar Sätze ab Blatt zu lesen, die Journalistin hat darüber geschwiegen, sicherlich haben sie niemandem Eindruck gemacht. Die Bildbetrachterin aber wird von ihrer Neigung erfasst, ein Nichterwähnenswertes zu erwähnen. Könnte der

Avvocato nicht gesprochen haben, wie die Betrachterin es vermutet. Dass er die von einer noch nie da gewesenen globalen Krise verursachten Schwierigkeiten, die von niemandem vorhersehbar gewesen seien, sehr bedauert, gleich einem Tsunami habe sie zugeschlagen und beinahe sein Lebenswerk und das seiner Familie zerstört, er betone, beinahe, denn immer wieder hätte er sich in seinem langen Leben und immer zusammen mit seinen vorzüglichen erfinderischen Ingenieuren wie seinen exzellenten Managern mit ihrem Kampfeswillen von einer harten Krise in bessere Zeiten durchgekämpft, und stets sei einem Absturz der Aufschwung gefolgt, gleich dem Aufgang einer Sonne, und gleich dem Licht der Sonne – er erhebt sich – müsse das Licht seiner Firma, als blühende Arbeitgeberin einer ganzen Region und damit eines unzerstörbaren Italien, immer wiederkehren und nie erlöschen. Er legt sein Blatt nieder. Die Manager erheben sich, verbeugen sich, der gewohnte, jubelnde Beifall der Journalisten ertönt, das ist er gewohnt, die CEOs weichen vor ihm zurück, stumm geht er an ihnen vorbei und hinaus. In seiner Villa in den Hügeln über Turin legt sich sein Schmerz. Er hört Musik. Ärger und Angst sind vorüber, sie überkam ihn, als er beim Hinausgehen einen schnellen Schwindelanfall, danach eine erschreckende Gehirnleere erlitt. Er geniesst die vorzüglich zubereitete kleine Mahlzeit seines Kochs, der sich echauffiert, wenn seine Frau aus altapulischem Adel Einladungen gibt. Soll er sich in die Oper fahren lassen. Er schliesst während der Aufführung seine Augen, denkt daran, zur Kur in die Schwefelbäder von Saturnia zu fahren, wo er ein Privatschwimmbad und seinen Arzt hat, sein Masseur einen

Tag vor ihm eintrifft. Wie er nach der Heimkehr noch eine Weile liest, was er liest, geniesst er, ohne mit jemandem darüber zu sprechen, ist ihm, als höre er fernes Menschengeschrei, Motorlärm, Stimmgedröhne aus Megaphonen, es entfernt sich sehr schnell, er hat sich getäuscht. Parkstille umgibt ihn wie gewohnt. *Eine* Frage aber bleibt, die beschäftigt ihn, weit mehr als der Niedergang seines Konzerns, obwohl er oft gar nicht mehr an sie denkt, ist sie der kleine Stachel, an den er sich gewöhnt hat, sie würde ihm fehlen, wenn sie nicht mehr da wäre.

Sein Gesicht antwortet der Zeitungsleserin nicht. Es ist ein gelebtes, sie ansprechendes Gesicht. Sie ahnt, welche Frage er nicht losbringt, und da sie ohne jedes sichere Wissen ist, soll ihr das gestattet sein. Ahnungen sind wie Privatgärten, die in angrenzende ungemähte Weidelandschaft mit kleinen Sümpfen übergehen, vor denen sie sich zu hüten hat. Keine Frage, eine Gewissheit aber ist, warum ihr der Mann auf dem Zeitungsbild, Patriarch genannt, das sie ausgeschnitten hat, nichts sagt über das, was zwischen seiner bildlich-kurzen Zeitungs-Gegenwart, seiner unbelichteten Vergangenheit und der noch dunkleren Zukunft eine Verbindung herstellen würde. Das Bild hat zu viele Löcher. Besässe sie auch lückenlose Bilddokumente seiner Auftritte in der Öffentlichkeit und seiner Privatsphäre, es ergäbe sich wiederum nicht das, was ein Bild sein könnte. Die Kompliziertheit, die unerforschbare Vielfalt jedwelchen Lebens, kurz, die sogenannten Wahrheiten über ein Dasein – auch diese nun entschuldbaren, möglicherweise falschen Vermutungen einer Bildbetrachterin –, entziehen sich jedem Bild. Doch dieses Unsichtbare, dieses

Beweislose, diese Sehnsucht nach dem ewig sich Entziehenden ist es, die jede Geschichte, und sei sie noch so klein und nichtssagend, am Leben erhält und damit die Bildbetrachterin zum ersehnten Verschwinden bringt.

* * *

Der Übersetzer

Höher hinauf als zur Gottfrau geht's nie und nimmer, über die Frau zum Gott des Gedichts, mit Weihrauch umhüllt, Rauch der Silben, Rauch ins Unsichtbare, in die Höhe elektrisch geladener Luft, zu den Polarlichtern, in die Ionosphäre, Exosphäre, in das luftleere All, und die Asche liegt begraben hinter dem Stein. Die Witwe, edel und schmal, spricht das Französisch aus der Akademie, besitzt hohe Freunde, die ihr Ehre geben in vollendeter Manier, sich verbeugend den *subjonctiv* servieren auf dem Silbertablett. Nie kommt ein unflätiges Wort aus ihrem Munde, Flüche aus den Armenvierteln, aus den Hurenkneipen, Pfiffe aus der Rattenschnauze dringen nicht an ihr Ohr, am *Boulevard des Philosophes* ist weder Geschrei noch Gezänk. Sie empfängt im langen schwarzen Kleide die Freunde der Freunde, den Übersetzer des Ertrunkenen, der, als er noch lebte, in Gesellschaft so leise sprach, dass ihn niemand hörte, alle hofften, er würde eines Tages seine

Augen auf sie richten und sagen: Wer sind Sie.

Jedoch mit der Witwe lässt sich reden, sie ist zu sprechen, auch und vor allem für ihn, den Übersetzer eines andern Hohen – denn kein Gott sitzt auf seinem Thron ohne eine Hand, die ihm hinaufgeholfen –, sie ist zu sprechen für alle mit vorauseilendem Ruf. Auf des Dichters noch bessere Umformung in die Sprachen der Welt hofft sie, klug ist sie und beschneidet die Hoffnung, denkt an Übersetzung in die Sprachen des Abendlandes, an die grosse Vergangenheit dieser Länder, die fruchtbaren, in denen Kultur, wie auch die Sinnesfreude, noch nicht ganz versunken ist. Sie hofft auf jede mögliche Übersetzung, damit die Menschen endlich sehen, hören und empfinden, dass einmal ein Gott der Dichter war, der die Gedichte aller Gedichte, die verständlich-unverständlichen, geschaffen.

Und er, der Übersetzer mit dem vorauseilenden Ruf, neigt sich vor der Schmalen, Hohen, erschauernd vor Verlangen, ihr zu zeigen, der Welt zu zeigen, wer er ist, *homme de lettres*, in allen Kultur-Städten zu Hause, Paris, Florenz, Lissabon, Madrid, Moskau, London, Berlin, Petersburg. Jeder der Städte widmete er mehrere Jahre Lebenszeit, weiss um ihr Inneres und Äusseres Bescheid, ziemlich Bescheid, auch er hat seine Bescheidenheit, obwohl er ihre Sprachen perfekt spricht, nicht bloss *un petit peu*, fliessend spricht, glänzender Fluss mit allen möglichen feinen Schleifungen, mit den Delikatessen ihrer komplizierten Struktur, und das Russische läuft ihm vom Mund wie ein Wind aus den Birkenwäldchen, sein Ohr, seine Nase, seine Zunge, seine Fingerspitzen haben sich in das Russische geliebt. Er gibt es zu, er hatte einen guten Start, trilingual ist er aufgewachsen, Mutter aus Nancy, Vater aus Trento, Grossmutter aus Zürich. Das kann doch nicht gut gehen, bei ihm ist es bestens gegangen, von Geburt an ein phänomenales Hirn, und diese Sensibilität, diese Empfindsamkeit für die feinsten Unterschiede, es ist, als sei er ein Kardiologe der Sprachen. Auch des Lateins, das noch beizufügen, ist überflüssig, eine Beleidigung für ihn, der seine Worte abmisst, erwägt, vergleicht, streicht, ersetzt, an ihnen rüttelt, sie nochmals aus dem Geschriebenen löst. Jedoch nicht das Wort ist es, das ihn zur Verzweiflung, zur Seligkeit bringt, es sind die Zeile, der Vers, die Strophe des Dichters, der Ton, die Tonlage, der Rhythmus, der Gestus, der Sprung, das Schweben, das Ganze. Was ist das Ganze, worin erfüllt es sich, hat er sich verirrt, hat er gemogelt, ist er abgeglitten, den Kern und die Aura des Gedichts will er, sein Wortloses, das Dazwischenflutende. Das Gedicht ist ihm wie sein Leben, das jeden Tag, Stund um Stund, zu erringende Leben, falls es ihm entwischt, ist es seine Schuld, wenn er es ergreift, ist der Griff Beweis seiner Existenz. So schwankt sein Tag zwischen Bejahung und Finsternis. Er zwingt sich zur Härte, zur Langsamkeit. Seiner Natur nach wechselt er leicht von Sprache zu Sprache, wäre er rascher zufrieden, als er sich erlaubt. Er verbietet es sich, seiner eigenen Wollust zu folgen, die ihn bei einer geglückten Wendung, einem überraschenden Einfall überfällt, das wäre eine Abkehr vom Original, ein Verrat an den Dichtern. Mit ihrem Leben haben sie für ihre Gedichte bezahlt, wie stünde es ihm an, sich nicht selbstlos in ihren Dienst zu stellen? So schwankt sein Tag zwischen Pflicht und Rausch, zwischen Sieg und unverzeihlicher Nachlässigkeit, die er heimlich

Dummheit nennt. Er fürchtet diese Dummheit, die in Wahrheit ein Mangel an Übersicht und Klarheit ist. Wenn er sie nicht beherrscht, kann es geschehen, dass er in eine Grube stürzt, du bist zu flach gewesen, dir mangelt es an Tiefe, hohnlacht es.

Mit Hilfe von Seraina, die halb so alt ist wie er, gelingt es ihm immer wieder, aus der Grube herauszukommen. Aus der Hitze von Paris ist er für ein paar Monate nach Scuol geflohen, Seraina vermietet ihm einen Teil ihres Hauses. Sie redet in zwei Sprachen, Schweizerdeutsch und ein Rätoromanisch, er fragt sie, welches, sie weiss es nicht, hat Blätter beschrieben, die sie ihm unter das Kopfkissen gelegt hat, eine fürchterliche Sache, volkstümlich, banal. Er hat ein paar Sätze gelesen, das Papier rasch wieder weggelegt. Wenn er der hübsch Kraushaarigen, wie eine Wolke umgibt sie ein Strahlenkranz, am Tisch gegenübersitzt, hofft er, sie bitte nicht um sein Urteil, ist erleichtert, dass sie es nie tut. Sicherlich nichts für die Literaturgeschichte, weiss sie; er überlegt sich, ob er sie «die Arme» nennen will. Um ihre Unbekümmertheit beneidet er sie, und es graust ihm davor, sie folgt nicht einmal den losen Banden einer Grammatik. Sie bewegt sich mit einer Grazie, von der er die Augen kaum wegreissen kann, sie dünkt ihn der einzig ungefesselte Mensch in seinem Bekanntenkreis. Ob sie es verstünde, fragt er sie, nachdem sie etwas aus seinen Arbeiten hat hören wollen. Sein Gesicht erhellt sich, sie schüttelt verneinend ihre Mähne, er ist zufrieden. Ihr Nichtverstehen ist für ihn ein Gütesiegel. Serainas schreckliche Zustimmung, auch eine gespielte, würde ihn an seinem Können zweifeln lassen. Seinen Haaren entrieseln Schuppen, aus seinem heftigen Lachen weht der Knoblauch aus ihrem Salat, als sie sagt: «Für mich sind das Mauspiepser.» Gestern hat sie ihm wieder Papier unter das Kissen gelegt, geht für einen Tag aus dem Haus. Er legt die Blätter ungelesen auf die Kommode. Ihrer aufblitzenden Augen wegen, ihres Lächelns, das ihr Gesicht besonnt, ruft er ihr kurz und bündig zu: «Weitermachen!» Er sitzt ihr gegenüber am Tisch, freut sich an ihrer Frische, es ist, als komme von ihr Duft, Segelrauschen, sie erinnert ihn nicht an die Witwe in Paris. Er vernimmt von ihr Dinge, die er noch nie gehört hat: dass Pferde im Stehen schlafen, erst wenn sie krank sind, legen sie sich hin, jede Kuh ihr unterscheidbares Muhen hat, dass sie Bauchtanz übt in einem Keller, der neben dem Kühlraum eines Spitals liegt, der Abwart, den die Mädchen hie und da zuschauen lassen, öffnet Schubladen, sie schneiden den Toten, bevor sie zum Krematorium gebracht, die Haare ab, verkaufen sie, verspielen das Geld im Casino. Zu seiner Überraschung beginnt er sich auf die Mahlzeiten zu freuen, er möchte mehr von ihr erfahren, nicht nur, dass sie Rhythmik unterrichtet.

Er sieht und fühlt entsetzt, dass Seraina seinem Rat folgt. Sein Mittagsmahl verspätet sich, sie erbittet von ihm ein Wörterbuch, lässt es sich aus Chur zusenden. Zur Nachtessenszeit geht er in die Küche, sie sitzt am Holztisch mit blöden Augen, die ihn nicht erblicken, hat nichts zubereitet, hier ist das Rüstmesser, passt das in Ihre Hand, oder schneiden Sie sich den Daumen ab, er hört es belustigt. Nach zwei Wochen scheint sie das Schreiben glücklich vergessen zu haben, er bekommt Besuch aus Moskau, aus Barcelona, später aus Nizza.

Sie hört ihn in verschiedenen Zungen reden, er schwimmt in Sprachen, grossmäuliger Sprachhecht, braucht er bloss seinen Kiemen zu trauen, ist kühn wie ein Prüfling nach erhaltenem *summa cum laude*, pflegt sich, putzt die Zähne, benützt ein Mundwasser. Sie kann es nicht vermeiden, den Fremdsprachigen zu begegnen, huscht an ihnen vorbei, isst in der Küche unter dem Vorwand, das viele Geld, das er ihr für seinen Aufenthalt in ihrem Haus bezahle, auf das sie leider angewiesen sei, zwinge sie, ihre Hotelküche zu beaufsichtigen. Sie weicht den Fremden nach Möglichkeit aus, schämt sich ihrer Stummheit, war in Neuchâtel für ein Jahr, hat das meiste vergessen, das wenige sagt sie nicht, aus Angst, es sei falsch. Im Wohnzimmer unterhalten sie sich, lachen, trinken, fühlen sich erhaben, fliegen über eine Welt, sonnen sich in der Aura ihrer Bildung, blicken auf sie, das Dubeli, herunter. Auch er beachtet sie nicht mehr, als sei sie Luft. Sie sitzt appetitlos in der Küche, verflucht den Halunken, der ihre Mutter verliess, denkt sich ihren Mieter weggezogen, schämt sich ihrer Gefühle. Sie meint die Gäste nicht mehr zu hören, huscht in ihr Zimmer hinauf, schreibt auf einen Zettel: «Vater schwer erkrankt, muss Sie für eine Weile verlassen, Kusine wird mich vertreten.» Sie übernachtet bei ihrem Freund, dann bei der Freundin. Es zieht sie zurück, die Gäste sind abgereist, um ihn abzulenken, fragt sie: «Wo haben Sie Russisch gelernt?» Er lacht. «Ihre Kusine ist ausgeblieben, Jewgeny hat gekocht, wie geht es Ihrem Vater?» Besser, sagt sie, er schaut sie prüfend an.

Jeden Abend, bevor er seinen Spaziergang unternimmt, liest er ihr ein Gedicht auf Russisch, dann seine

Übersetzung in Deutsch vor. Nach einer Pause fragt er: «Wie finden Sie es?» – «Wie kann ich es finden, ich sehe es nicht», sagt sie, spürt, dass er verschiedene Antworten erwartet, sonst hält er sie für blöd. Er schaut sie jeweils begierig an. Sie beginnt sich tagsüber Antworten auszudenken, manchmal schweigt sie, winkt ab. «Aber Sie verstehen es?», fragt er. Sie schüttelt den Kopf, lacht, den Mauspiepsern folgen die Katerschreie. Er lächelt zufrieden. «Seraina, Sie sind einfach köstlich», ruft er, «Ihr Urteil ist mir wichtig, darf ich Ihnen eine Rose überreichen.» Er zieht den tropfenden Stengel aus der Vase, ergreift ihre Hand. Sie entzieht sie ihm, stopft die Blume in die Vase zurück. «Die ist ja verwelkt», sagt sie, «und Ihren Übersetzungen mag ich nicht mehr zuhören. Können Sie das nicht bleiben lassen? Nach gewisser Zeit geht es mir mit allem Verstandenem gleich, es langweilt mich. Und noch etwas, besagt ein Lächeln, das sie schutzlos macht, «suchen Sie sich bitte für nächsten Sommer eine andere Wohnung, ich gründe in meinem Haus eine Tanzschule. Salsa, Rumba, Tango.» Sie summt, hebt die Arme über den Kopf, ihre Hüften bewegen sich, ihre Schultern sind Blüten, die sich entfalten, sie stampft, wirbelt ihre Haare, eine Fahne im Wind. Er starrt sie hasserfüllt an. Das innere Tier, wie er es nennt, regt sich. Es fährt durch ihn. Seine Lider fallen herab. Ja, ja, denkt er, kleine Bestie, warte auf dein Büchsenfutter. Er geht in seine Räume, packt den Koffer, hinterlegt die Mitteilung: «Restliche Dinge werden morgen abgeholt. Bezahlung erfolgt wie gewohnt.»

* * *

Liebe

Sie ist aus Lissabon zurückgekehrt und weiss: Niemand hätte sie vermisst. Das Flugzeug ist nicht abgestürzt. Wenn ein Absturz gleichgültig wird, wird nicht abgestürzt. Folglich muss sie zurückgekehrt sein. Sie ist nicht im Hotelzimmer geblieben, im Dom Pedro zu Lisboa, sie hatte nicht viel Geld bei sich. Die Reise ist zum Voraus bezahlt worden. Alles inbegriffen: Flug, Hotel, Mahlzeiten, Getränke, Busfahrten, Reiseleiterin, Trinkgelder, eine bequeme Reise, alles geplant. Sich mit Reisevorbereitungen zu beschäftigen, ist lästig. Alles Lästige kann den Senioren abgenommen werden. Sie gehört jetzt auch zu den Senioren. Wir alten Möbel brauchen keine alten Möbel in Schlössern und Museen anzusehen. Wir wollen reisen, ohne uns zu plagen, gut essen, gut trinken, ohne einen Dolmetscher zu brauchen, wir Alten, sagten sie, wollen nachmittags eine Stunde die Beine strecken, in die Kissen flüstern und abends im *Restaurante Panorâmico Torre Vasco da Gama* schlemmen. Sie schlemmte mit, betrachtete die endlosen Lichter, die um den Turm kreisten, Geisterautos mit Leuchtspur, die Brücke über den Tejo, die feinziseliert ein dunkles Niemandsland nicht fliehen lässt. Lisboa hat sie mit Nachsicht behandelt, sie hat die Stadt weder gerochen, noch wurde sie von ihr bedrängt. Sie blieb ihr fremd. Ob sie weiblich ist, weiss sie nicht, obwohl sie einige ihrer Falten durchwandert hat. Ihre Hügel, die Häuser wie Skulpturen, lagen im gelben Licht des Mittags, in der versteinerten Rose des Abends. Ihre Strassen durchströmten schwarze, braune Menschen, sie aber, bedacht, ihren Kummer nicht zu verlassen, stolperte auf der gepflasterten Avenida, doch die schwarzweissen Wellen auf den glitzernden Plätzen trugen sie ruhig.

Ohne einen einzigen Menschen zu leben, ist gefahrvoll. Leicht wird man wahnsinnig, schwer ist der Wahnsinn. Sie ist verdammt zur Liebe, ohne es jemanden merken zu lassen.

Was ist Liebe?

Wie soll soll sie das wissen. Sie hat nichts anderes als ein zerrissenes, verlorenes Ich. Gibt es jemanden, der von sich sagen kann: Meine Liebe hat die Liebe gefunden? Meine Liebe ruht vollkommen in der andern. Wird vollkommen von der andern Liebe umschlungen und gedeckt. Wie sie ihre eigenen Briefe wiederliest, weiss sie, dass sie die Geliebte nie ganz verstanden hat. Liebe bedarf des Undurchschaubaren. Verstehen aber muss sie, dass sie eine Verlassene ist. Dass die Verlassenen toben und schreien, sich in aufgeblähten Stolz flüchten, den Verlassenden ihre Sicherheit, ihre untadelig-fröhliche Selbstbewusstheit rauben wollen, ist ihnen nicht zu verübeln. Sie muss beschimpfende, höhnende, beleidigende Worte geschrieben haben. Die Abgründe eines Menschen bleiben – selbst für Liebende – Abgründe. Jeder Mensch hat seinen Abgrund, auch wenn er, in der hohen Zeit des Glücks, scheinbar übersprungen sein mag. Wenn sie gezwungen ist, weiterhin an A. zu denken, Gefühle für sie zu hegen, sie zu füttern mit ihren Gedanken, sich nicht nur an sie zu erinnern,

Erinnerung kann verfälschen, erstarren, sich verflüchtigen; nur schon zu glauben, dass sie A. wiedersieht, dass sie sich viel erzählen müssen, jede ist in einem andern Land gewesen, hat Unglaubliches erlebt, jede teilt der andern ihre Ergebnisse mit; wenn sie gezwungen wird...

Von wem denn eigentlich?

... A. als ihren Innenmenschen zu fühlen, entgegen allen realistischen Vorstellungen, wird sie verloren sein, im Wahnsinn verloren. Ist A. es wert, dass sie in Wirrnis versinkt? Es muss eine neue Art von Liebe sein, mit der sie liebt, eine Mutation, aus der ihr Erkenntnisse aufgehen, nicht die Bestätigung alter Ansichten, nicht die Wiederholung ungültig gewordener. Sie will Aufbruch. Den Gefahren des Altwerdens, der Gelenkstarre, dem Vermeiden von Verlusten, dem Versichern des Versicherten, wird sie ihnen entgehen?

Einst sass sie an einem Totenbett. Eine Verwandte kam ins Zimmer, sagte: Komm herunter, du darfst hier nicht allein sitzen. Lass mich, sagte sie, misch dich nicht ein. In der Erinnerung wird jene Dauer, jenes Aushalten des Totseins, eine unvergessbare Tat.

Zwei Paar Schuhe, einige Kleider, ein paar Bücher hat A. an Dingen zurückgelassen. An Nichtdingen, die sie zurückgelassen hat, ist die Wohnung, ist sie gepresst voll. Sie zieht einzelne Geschehnisse hervor, betrachtet sie. Ihre Betrachtungen entziehen sich genauer Beschreibung. Unscharf wie Morgenträume sind sie, bestehen aus einzelnen visuellen und auditiven Eindrücken, die Form ihres Schlafanzugs, ihre Haare, ihre Hände, die Art ihres Lachens, vor allem aber die Art ihres Gehens, ihres Auf-sie-Zukommens, ihr den Atem beengend, ein Kommen ohne jedes Gewicht, ihre Stimme, die Modulationen ihrer Stimme, aus denen sie ihr Gestimmtsein spürt, und dann das, w a s A. spricht, was sich ihrem Hirn einprägt, ohne dass sie ihre Reden jetzt zu wiederholen imstande wäre, wie auch die ersten Prägungen nichterinnerbarer Kindheit sich erst Jahre später auswirken. Sie fragt sich, wer oder was denn diese Zaubermacht ausübte.

Und das Irdische, nicht das Himmlische, was ist mit dem ...

Oh, das hat sie vergessen. Liebende vergessen irritierende Realitäten, leicht modifizieren sie den klaren Blick, erzürnt sie eine kleine Enttäuschung.

Dann schreibe, was alle schreiben.

Ja, das wird nicht zu vermeiden sein. Wird aber nicht verlockend sein. Es geht um das Sein.

Sie lesen, es ist ein Ritt durch die Jahrhunderte. Im neunzehnten wird stillgestanden, das Pferd ist ihnen hinweggetrabt. Sie riecht verlorenen Duft, schmeckt versunkene Sprache, sieht die Sprachkunst, und wie immerzu, stetsfort, von neuem die Liebe ins Verderben stürzt. Sie lesen Gedichte, Gedichte. Sie hören Musik, Musik in der Einzahl, in der Mehrzahl. Sie ist im Glück der Abwesenheit von Erkenntnis. Glück ist wortlos, Unglück geschwätzig. Glück ist ein weisses Loch.

Und keinerlei Zwiste? Minne von A bis Z?

Kleine, schnell beigelegt. Erinnerlich ist, dass sie oft das Gefühl bekommt, sie erfülle die Ansprüche der Geliebten nicht. Endlos, ohne Unterbruch, jede Minute, den ganzen Tag, dauerhaft will A. geliebt sein. Zuwendung, Aufmerksamkeit will sie, will die andere mit allen Gedanken, mit Ohr und Auge, mit allem, was sie ist und nicht ist. Sie ist vieles nicht, fühlt sich der Aufgabe nicht gewachsen. Sie eifert A. nach, kommt ihr zuvor, lernt Höflichkeitsformen, sagt nicht: Deine Ansicht ist falsch, sie sagt: Deine und meine Sichtweise wären zu überprüfen, um herauszufinden, wie sie dem Richtigen am nächsten kommen. Sie lebt in Furcht, sie zu verlieren. Ich weiss, dass ich dich verlieren werde, sagt sie. Das entfacht ihren Zorn. Sie bekommt eine Ohrwatschel. Eine Zärtlichkeit für die Gewatschelte. Ohrwatscheln möchte sie sammeln, kriegt aber nur eine einzige. Die gefasste Selbstbeherrschung der Geliebten bedrückt sie. Die reizt ihre Bocksnatur. Mit den Hörnern schlägt sie an den Zaun, wirbelt Staub auf. Sie hingegen bewahrt Manieren.

Keine Bedeutung mehr für die Aussenwelt hat sie, stürbe sie, so würde sie tagelang nicht gefunden, die Verwesung würde sehr fortgeschritten sein und der Gestank schandbar – merkwürdig und lächerlich zugleich sind diese Gedanken. Liebe, die einsamste der Tugenden, vereinsamt. Ist jedes Gewesene zum Schweigen verurteilt? Ihr Gedächtnis will viel verschweigen. Ein Beschämendes kommt ihr in den Sinn. Sie muss es verstecken. Unerzählbar ist es. Das meiste, vielleicht das Beste, ist unerzählbar. Es liegt dort, wo die dauernde Stummheit der Welt ist. Wenn es ausgesprochen würde, verlöre es seine Existenz. Jedes Erzählen ist eine Lüge. Nie ist die Wahrheit da. Ein Gesagtes ist nie das Gesagte. Sie lebt im Verschwiegenen wie ein Baum. Wo aber sind ihre Erde, ihre Luft, die Sonne?
    Stille von morgens bis morgens. Sie ruft alle möglichen Leute an, ist freundlich mit ihnen, schwatzt lang.

Manchmal machen sich einige auf den Weg, besuchen sie, langweilen sie. Sie sitzen am Esstisch, sie unterdrückt ein Gähnen. Manchmal gähnt sie, frisch und frei. Entschuldigung, sagt sie, ich schlafe momentan schlecht. Irgendetwas schwatzen sie, etwas von ihr schwatzt. Wenn ihr Kopf herunterfällt, schreckt sie auf, fragt sich, was diese Person bei ihr will, warum sie dasitzt, nicht weggeht. Sie sollte ihnen weniger auftischen, dann würden sie nicht so lange bleiben. Solange noch Essbares auf dem Tisch liegt, sitzen sie, obwohl sie innig wünscht, dass sie gehen. Obwohl sie sehen, dass sie immer abwesender wird, bleiben sie. Sie wird grausam, bekommt den Wunsch, Amok zu laufen.

Das Ausmass des Verlustes dringt immer noch in sie ein, in neuen Entdeckungen bekommt er Kontur. Sie bekommt ein Dasein voller Vermisstem. Schöner Morgen heisst der eine, guter Vormittag der zweite, hungriger Mittag der nächste, kräftiger, satter Nachmittag, sanfte Dämmerung, rosa Abend, Sternennacht von Vincent und ein Schnapsgläschen zur Mitternacht heissen andere. Dann die namenlosen Verluste und die mit den Sammelnamen. Was ist denn alles noch weg? Entschwunden der. Gegangen die. Was ist denn jetzt noch da? Sie und der Rest von ihr und der Rest vom Rest. Sie trägt zersprengte Stücke zusammen, setzt sich neben sie. Es ist nicht viel, was noch bei ihr ist, und nicht viel, was noch sie ist.

Dir ist die Geschichte abhanden gekommen!

Was sie nicht besitzt, kommt ihr nicht abhanden. Es ist unmöglich, aus dem Chaos ihres Lebens, der Eigenwilligkeit ihrer Seele, aus unberechenbarer, sich verweigernder Erinnerung Geschichte zu machen, einsehbare, folgerichtige, keinen Steinbruch, eine Skulptur, eine hübsche Sammlung von Ausstellbarem aus keinem Museum.

Lass das doch bleiben, lass sie doch auf dem Schutthaufen der Geschichte! Warum tust du dir das an?

Warum sie sich das antut? Weil sie ein Mensch ist und unbedingt eine Geschichte will.

Ja, ja, jeder Frühling kommt mit Braus und Vogelschiss.

Sie machen Ausflüge, irgendwelche, die Hauptsache ist, A. ist an ihrer Seite. Sie reisen, gleichgültig wohin, sie sieht und hört sowieso nichts als A., sieht keine Städte, keine Historie, Sozialgeschichte, keine Kunst und andere Nebensächlichkeiten. Sie ist Ödland, trinkt, saugt, kann sie nicht aus den Augen lassen, jedes Wort, das sie sagt, wird Offenbarung. Sie steckt ihr Lichter auf, sie leuchtet, nicht genug kann sie bekommen vom Leuchten und von den Lichtern. Sie ist im Schlaraffenland, wo Ideenfrüchte, Gedankenfleisch ihr in den Mund wachsen, ihr Hirn arbeitet, die Lust künftiger Tat ist in ihr. In Wahrheit arbeitet sie nichts. Alles, was sie zu machen scheint, wird flüchtiges Gekritzel. Liebe und der Genuss der Liebe beschäftigen sie.

Erinnerung mag es, sie zu quälen. Sie stösst sie weg. Hartnäckig wie Erinnerung ist, lässt sie nicht ab von ihr. Muss denn ihr Schaden sichtbar werden. Sie ist wie eine Behinderte, die masochistisch zeigen muss, dass sie bloss ein Bein, einen verkrüppelten Arm hat, eine verkrümmte Wirbelsäule. Ihr Schaden liegt im Hirn, im Stamm- oder Asthirn. Ihre – welch Wort hat man dafür bereitgestellt! Ein erschreckendes Wort, ein mechanisches, maschinenmässiges, ein Wort wie Aktivität, Pluralität, Funktionalität, ein Wort wie Normalität oder

Fertiliät. Ihre Sexualität ist fraglich, störbar, vielleicht unterentwickelt, schiefgewickelt, überentwickelt oder danebengewickelt, irgendwas ist irgendwo nicht wie anderswo. Sie gerät mit ihr in Schwierigkeiten. Lange Zeit meinte sie, Liebe zu verstehen. Das war ein Irrtum. Sie wird sie nie mehr begreifen. Eine Abart wird Liebeswahn genannt. Er entsteht in jenen, welche am Nichtlieben stürben, wenn ihr Selbsterhaltungstrieb oder irgendein anderer Trieb nicht die Notmassnahme des Wahns ergriffe. Diese glücklich Unglücklichen bergen sich fortan in einem Phantasiegebilde.

Sie ist sechs Tage in Lissabon mit Ehepaaren zusammen gewesen. Nachts ist jedes zu seinem Glück in sein Zimmer gegangen. Sie hat ihnen bedächtig nachgeschaut. Haben die jemanden, der ihre bösen Träume mildert? Sie haben jemanden, der sie mit Blaulicht ins Krankenhaus brächte. Haben die jemanden, der ihre Hand ergriffe, falls sie ins Leere tasteten? Sie haben jemanden, der das Geld in der Jackentasche hütet. Haben die jemanden, der besorgt ist, falls sie vergessen, wo sie sich befinden, der sie suchen käme, nicht abliesse mit Suchen, bis die Gesuchte gefunden wäre? Sie haben jemanden, nach dem sie rufen. Eine hat ihn *honey*, einer hat sie *baby* genannt. Er ist halt ein Bergler, nimmt nie ein Taxi, hat milde gelächelt. Einer hat aus seinem Dasein berichtet, seine Ehefrau wartet derweil vor dem Kachelmuseum auf den Bus. Eine hat Spässe ausgebreitet, ihr Gatte hat sich dem Frühstück hingegeben. Sie sind immer nebeneinander gesessen, ihre Bindung ist so stark, dass sie sich nie leiblich getrennt haben. Alle tragen Speckschichten, ruhig machende Schichten.

Sie richtet sich im Liebeswahn ein, einer Untergattung. Er ist der Wahn einer Verlassenen, der sich manifestiert im Weiterlieben der Verlassenden. Obwohl auch diese Liebe auszehrt, wenn sie nicht genährt wird. Doch die Zeit vergeht, und sie braucht sich nicht aufzuhängen. Eine hat das aus Ungeduld getan. Hätte sie noch eine Weile gewartet, mit dem Nichts gewartet, wäre sie erlöst worden. Also wartet sie. Vielleicht ändert sich ihr Wahn, wird eine ganz normale, beschwichtigende, verangenheitsentleerte, magengefüllte, liebe Liebe, dir ihr auf Flughäfen den Kofferwagen auf die Rolltreppe bringt und ihn dort zu halten versteht.

Worum kümmert sie sich? Um die Entbehrung? Leicht wird das Entbehrte, schmiegsam, die Enge wird weit, es zeigt sich sogar etwas Horizontales. Oder ist auch das ein Irrtum. Ist das Leichte nur eingebildet, und die Enge bleibt eng? Wenn sie das, was ihr geschieht, sich nicht mehr einbildet, ist sie erledigt. Bessereinbildende muss sie werden, nicht Geheilte.

Sie redet viel mit sich selbst. Wie geht es dir? Ging mir auch schon schlechter. Könnte besser gehen, aber es geht. Geht es heute nicht, geht es morgen besser. Sie bemüht sich ums Gehen. Ist immer viel gegangen. Ist zum Gehen da. Der Morgen beginnt mit dem Gehen. Sie wird von etwas eingeholt, überholt. Wenn sie den Kampf begonnen hat, weicht es zurück. Sie kämpft gegen die Sinnlosigkeit. Stahlhart ist die, wendig, verführerisch. Wenn sie ermattet ist, hilft ihr die mit den zerfransten Hosen, den abgelatschten Turnschuhen auf die Beine. Komm, Verzweiflung mit dem Totenschädel, dem Geruch nach Eis. Sie sticht den Degen in dich, wirft dich in die Luft und weiss, dass du nicht verwundet wirst.

Selig ist sie in der Welt, selig in sich selbst, selig in der Zeit.

Blablablaa, schon wieder unnötiges, sich wiederholendes Gequatsche!

Liebe ist Auflösung der Zeit, darum muss sie liebessüchtig sein.

Und wie ging es ihrer Seligkeit?

Ach so, da ist er wieder mit einer seiner blöden Fragen. Weiss sie nicht genau. Hat Liebe sich je unmässig um das Geliebte gekümmert? Ihr schwant Bedenkliches. Liebe ist ein Fest des Ichs. Sie entdeckt es, sie fühlt es, es ist schön, kerngesund, mächtig, ein Schatz ist das Ich und gütig mit allen Untergebenen.

Wie steht's denn mit ihrem Ich?

Das endlich müsste gefragt sein. Sie hat A. nie gefragt, ob sie glücklich ist. Es ist sichtbar. Auch sie erblüht. Sie liebt es, bei ihr und mit ihr zu sein. Sie erzählt ihr ihr Leben. Sie vertraut ihr, erzählt ihr das Nieerzählte. Und ihr Erzähltes, im Gegensatz zu ihrem, wird eine Welt.

Der Katastrophe des Nicht-mehr-Geliebtwerdens folgt die des langsamen Untergehens des Ichs.

Deines Ichs nicht, aber des aufgeblähten Zierats in dir und um dich. Dieses Gejaule – bist du eine Hündin? –, diese Drehorgel des Jammers, diese nutzlose Wiederholung muss aufhören.

Wie denn?

Ein Teil des Unglücks ist das Zuwichtignehmen von dir selbst. Lies Antonio Tabucchi, sein herzleidender alter Mann in Lissabon ist erfrischend unbekümmert um sein Schicksal. Er findet im Gespräch mit dem Bild seiner verstorbenen Frau Linderung seiner Einsamkeit.

Keine Literatur, keine! Liebesverlust ist nicht eine Idee, eine überraschende Sprache in einem schönen Roman, ein Wortgesause. Er ist, was er ist. In Körper und Seele.

Wie kann sie schweigen, da sie verurteilt ist, immer noch an das Sagen zu glauben. Nicht gesagt ist: Eine Ausstellung zum Andenken an eine gestorbene Dichterin, die ihr freudiges Bedauern weckt und der Geleibten, das ist kein freudsches Versagen, der Geliebten freundliches Interesse. Ihr Bedauern weckt über die Vergeblichkeit der Sprache und ihren Alterungsprozess, nie ist sie Gegenwart, immer kommt sie aus der Vergangenheit, wie das Licht von erloschenen Sternen. Nie würde sie auf Sprache hoffen dürfen. Sprache ist das schlechteste Mittel, ins Leben zurückzugehen. Und A. spricht von der Zeitgebundenheit jeder Dichtung; was sie auszeichne, sei jene Kraft, die es ihr erlaube, sich aus dieser Gebundenheit zu lösen. Was sie benötige, sei die Interpretation.

Nicht gesagt ist: Dass unter all dem Getrommel, dem Plätschern der Emotionen, eine in ihr sich heimisch machende Beunruhigung nicht wegzubringen ist. Woher kommt sie? Ist es der Pulsschlag einer ihrer Seelen, die das vertritt, was sie nicht will, was sie fürchtet.

Nicht gesagt ist: Das Gefühl, für eine kurze Dauer einen neuen Körper zu besitzen, einen unbeschädigten. Nicht gesagt ist: Der Keulenschlag, wenn dieses Gefühl vertrieben wird vom gegenteiligen. – Versehrungen? Welche? Ich sehe nichts. – Aber diese Brandmale? – Ich habe auch welche, siehst du hier, an der Fusssohle. – Sie ist spielend über Feuer gelaufen, ist ahnungslos, was wahre Brandmale sind.

Das unerbittliche Mahlwerk an Leib und Seele, wann hört es endlich auf? Aus Zeit und Ewigkeit vertrieben, weiss sie die Dauer der Zeit nicht. Aus der Ewigkeit vertrieben...

Jaa, das ist jetzt hinlänglich bekannt.

Nichts ist bekannt. Nicht alles ist gesagt. Was ist bekannt von der, der es gelingt, ihr die Sehnsucht nach jener Droge, welche die Realität auslöscht, einzupflanzen, die Sehnsucht nach dem Gelöschtsein von allem schon Gelebten? Würde die Erlösung in der Umkehrung liegen? Auf der Rückseite der Besessenheit sein? Mit einem Sprung in das vorerst Undenkbare sich ereignen? Kann es sein, dass sie sie nie geliebt hat? Hat sie es sich eingebildet?

Endlich! Endlich ist das Endliche da.

Sie bildet sich ihr Ich ein, das Leben, ihr Leben, die Welt, bildet sich das Wort, bildet sich die Liebe ein.

Ja, so ist es! Von der Liebe kann nur geschwiegen sein.

Sonst nichts?

Sonst nichts. Willst du, dass sie dauert, solange du dauerst?

Welch schwierige Frage. Soll sie nun Ja oder Nein sagen? Von nun an schweige ich, sagt sie, damit soll nichts und vielleicht alles gesagt sein.

* * *

Eins

Er ist gestorben wie ein Heiliger, sagte Kardinal Sodano, und einen Tag früher sagte ein Kardinal namens Ruini: Er ist mit unserem einzigen Erlöser vereint, er sieht und berührt schon den Herrn. Sie hatte in den täglichen ausführlichen Berichten über sein Sterben gelesen, dass ihm vor fünf Wochen ein Schlauch in die Luftröhre eingesetzt worden sei, dass er seit Tagen über eine Magensonde ernährt werde, dass er aber nicht schon wieder in die Gemelli-Klinik gebracht werden wolle und dass er sich des Ernsts seiner Lage bewusst sei. Zwischen der Engelsburg und der Via Conciliazione seien Dutzende von Übertragungswagen in Stellung gegangen, Reporter von TV-Stationen der ganzen Welt berichteten live, auch über allerlei Gerüchte. Das eine, dass sein Tod vielleicht geheimgehalten werde, tauche immer wieder auf. Nachdem der Vatikansprecher bestätigt hatte, dass er, infolge einer Infektion der Harnwege, einen septischen Schock erlitten habe sowie einen Zusammenbruch des Herz-Kreislauf-Systems, an hohem Fieber leide, kaum atmen könne, massiv mit Antibiotika behandelt werde, füllte sich der Petersplatz, seit Tagen von trauernden Gläubigen belagert, mit noch grösseren Massen. Als dann die offizielle Todesnachricht verkündet wurde, zusammen mit der Ursache seines Todes, wurde zum ersten Mal ausgesprochen, was auf der Welt jeder Mensch, der sich überhaupt für ihn interessierte, ob gläubig oder ungläubig, schon lange gewusst hatte: dass er ein Leidender an Körper und Seele gewesen sei. Eine Zeitung titelte: Die Schweiz trauert, eine andere: Die Welt trauert. Zahllose Berichte hatte sie gelesen, die alle ungefähr das Gleiche mitteilten, jedoch auf das, was sie wirklich interessiert hätte, war sie nie gestossen. Das einzig Wichtige und Bedenkenswerte blieb, wie immer, verborgen. Geheim blieb – musste bleiben um des ewig Geheimen willen –, was er dachte, als er noch bei wachem Bewusstsein gewesen war, jedoch wegen des steigenden Fiebers allmählich die Kontrolle über sein Innerstes verlor; was er dachte, als er nicht mehr fähig gewesen war, zu sprechen, sich mit Worten zuzudecken, und geheim blieb, was in ihm aufstand, als er seine Umgebung nicht mehr wahrnehmen konnte, aber immer noch sich selbst wahrnahm. Geheim musste bleiben, was er empfand, als seine noch nie oder nur äusserst selten aufgebrochenen, sofort niedergehaltenen, allmählich im Laufe seines Lebens nicht mehr wahrgenommenen Gefühle und Gedanken ihn überfluteten, ihre Fesselung durch seine lebenslange Disziplin und Gelehrsamkeit langsam nachliess und sich auflöste, keine Wirkung mehr hatte. Geheim blieb – musste bleiben, um des Persönlichsten willen –, was er im klaren Wissen um die Unausweichlichkeit seines Todes, seines und nicht der eines andern, dachte, das heisst, zu denken und zu fühlen gezwungen war, unbestreitbar gezwungen war, ohne jede Flucht- oder Zufluchtmöglichkeit, ohne die süssen Worte seiner Kirche, der er lebenslang gedient hatte, mit Arbeit, Opfer, Verzicht und Verehrung. Ohne Schutz und Schirm seiner von ihm geliebten Gottesmutter, also entblösst, bar jeden Glaubens, trostlos, wurde er da auch noch von einer Frage gequält? Etwa von der nicht beantwortbaren Frage, ob denn sein lebenslanger Glaube – der auf geheimnisvolle Weise von ihm abgefallen, ohne eine Spur zu hinterlassen, ohne Schmerz entschwunden war, sodass es vergeblich war, nach ihm zu suchen, einem verdunsteten Wasser, das ihn nie mehr befeuchten würde – d e r Fehlentscheid, der nicht mehr zu berichtigende, nicht mehr auflösbare, grosse Irrtum seines Lebens gewesen war? Diese nicht zu beantwortende Frage, diese furchtbare Ungewissheit, füllte sie ihn mit Entsetzen, mit noch nie gefühlter Verzweiflung? Oder erhob sich diese Frage gnädigerweise nicht mehr – was sie sehr hoffte, denn sie fühlte hohe Achtung vor seinem Lebenswerk, diesem merkwürdigen, einmaligen, aussergewöhnlichen, überaus idealistischen. Sie hoffte sehr, jene Frage sei untergegangen in zunehmender Gleichgültigkeit, die nur einen Wunsch zuliess, dass alles endlich ende, endgültig ende. Seltsam war, dass nach seinem Tod in ihr, die nicht zu den Gläubigen gehörte, welche den immer lauernden Zweifeln keinen Platz liessen, dass in ihr eine Leere entstand, eine eigenartig richtungslose. War diese Leere einzig dem Versiegen der Nachrichtenfülle zuzuordnen? Nach seinem Tod berichteten die Medien wieder wie gewöhnlich über langweilige Dinge, über Begebenheiten, die eigentlich keine waren, sie berichteten nicht von wirklich Interessantem, das wert war, bezweifelt zu werden. Sie negierten alle Fragen, die kein vernünftiger Mensch stellte. Die nur gestellt wurden von Verrückten, von Leidenden, von hoffnungslos an ein Nichtverstehbares Glaubenden.

***

Zwei

Sie kennt ihn nicht, was heisst kennen, eine Gestalt aus ihrem Untergrund, aus der Katakombe ihrer Geschichte, aus weitest entfernter Verwandtschaft, aus einem anderen Leben, sie kennt ihn nicht. In Zeitungen, am Fernsehen sieht sie Bilder, wessen Bilder, sie gleichen sich nicht, es sind die wechselnden Gesichter eines Menschen, sie blickt sie alle an und weiss von ihm nichts. Wie hält er es aus, das zu sein, was er war, was er sein wird. Wie hielt er sein Leben aus. Achtundsiebzig Jahre lang hat er es ausgehalten, nicht zermürbt, nicht erbittert, nicht entmutigt, ungeduldig auch nicht, nicht abgelöscht, ausgelöscht, nicht verdorrt. Auf einem Bild sieht sie sein waches, leicht träumendes Auge, ein gütiges Auge, all ihren Zweifeln zum Trotz. Noch nie war ein seltsameres Auge auf sie gerichtet, als zöge es ihr Inneres in etwas hinein. Was ist dieses Etwas, das wirkt, als zöge er sie in sich hinein. Sie sieht das Lächeln, ungezwungen, leicht ironisch, rätselhaft, Geheimnis ist in seinem Lächeln, entlocken lässt es sich nicht. Wie hielt er sein Leben aus. Das Leben aus Büchern und mit Büchern. Als Theologe. In Studierstuben, in Sälen, vor, hinter, neben Studenten, Hörern, Leben mit Zeichen, mit Sprachen, aus Übersetzungen, Lehre und Dienst, mit Vorlesung, Schreiben und Geschriebenem, als Professor der Dogmatik, angefeindetes Leben als Kirchenlehrer. Jeden frühen Morgen die Messe, die Gebete, die Heilige Wandlung. Leben als Vereiner von Paradoxie und Logik, als Glaubender, auch an den Menschen Glaubender. Riss ihn das nicht auseinander. Schleuderte das Nichtzubeweisende, das Unsagbare ihn nicht vom Gesagten, vom Bewiesenen weg. Weg in den Abgrund, dorthin, wo das Schweigen ist, das tödlich sein könnte. Fiel das Fallbeil nicht zwischen Materie und Idee? Wie ertrug er endlosen Streit zwischen Wort und Tat, Himmel und Erde? Nicht zermalmt, nicht abgehärmt, schlankgenährt, mit vollem Haar, sitzt er etwas schräg und sanft unter dem breitbeinigen schwarzen Rock auf einem dunkelrot gewirkten, goldgeschmückten Seidensofa, den rechten Unterarm auf die barocke Lehne gestützt, den schwarzglänzenden italienischen Mass-Schuh auf dem Orientteppich über dem Marmorboden. Leicht geneigt gegen rechts sitzt er, Gegengewicht im nach links geschwungenen, unter dem weiten Rock verborgenen Fuss. Die weisslich-fleischige linke Hand umfasst das Gelenk der rechten, deren Zeigefinger sich von den gebeugten drei andern abhebt und den Blick auf den Schmuck des Ringfingers lenkt. Die weisse Manschette, aus dem linken Talarärmel hervorblitzend, korrespondiert mit der weiss gestärkten, schmalen Halsbinde, unter der ein noch schmäleres rotes Bändchen sich zeigt. Langes Leben hat ihn an das Tragen von Talar und Ornaten gewöhnt, er wirkt nicht verkleidet, angezogen ist er, als trüge er einen Anzug, einen modischen, gutsitzenden. Seine Kleidung assoziert nichts. Der Körper ist magisch verhüllt. Niemand wagt, sich ihn entkleidet zu denken. In vornehm komponierter Haltung blickt er sie an und durch sie hindurch. Der Kopf steht mit seinem rechten Fuss in gerader Linie. Wie hat er es ausgehalten, die Askese, die Disziplin, die Enthaltsamkeit, die Sublimation, das Vergessen der jungen Jahre? Sein Geheimnis. Er ist kein ersticktes Feuer. Er ist. Ist ganz er selbst und, wie könnte es anders sein, leicht melancholisch, ja, und, jetzt muss das Wort gesagt sein, vergeistigt. Aber nicht ätherisch, erdhaft. Das Geistige ist eine Last, die zur Erde zieht, er ist müde der Last, eine charmante Müdigkeit liegt auf ihm, noch nicht eine, die ihn nicht mehr mit Energie speist. Noch ist er Kardinal. Bald wird er Papst sein. Er weiss es. Er will das Amt nicht, schreckt davor zurück. Die deutschen Pilger, denen er am Tag nach seiner Inauguration eine Audienz gibt, lachen, klatschen, nachdem er ihnen unbeschwert erzählt hat, er habe den Herrn gebeten, diesen Kelch an ihm vorbeigehen zu lassen, einen Jüngeren auszuwählen, einen Kräftigeren, aber der Herr habe ihn nicht gehört. Er möchte lieber weiterhin Bücher schreiben. Er möchte in Ruhe die Summe seines Lebens, seiner Studien, seiner Gelehrsamkeit, seiner Erfahrung, seines Glaubens ziehen, jedoch jetzt ist es anders. Er freut sich, fühlt sich geehrt, gestärkt. Wie hat er ihn lebenslang bewahren können, den Glauben. Ihn nicht fallengelassen, ihn nicht nie mehr gefunden und es dann verheimlicht, überspielt. Diesen irrsinnigen, wahnsinnigen Glauben, aller menschlichen Vernunft widersprechend. Zu glauben an einen Gottvater, dessen Sohn Mensch wurde. Der mit dem Kreuzestod die Sünden der Menschen sühnte. Am dritten Tage auferstanden, in den Himmel gefahren, um wiederzukommen und zu richten die Lebendigen und die Toten. Zu glauben an den Heiligen Geist, den Herrn und Lebensspender, zu glauben an die Auferstehung der Toten und an das Leben der zukünftigen

Welt. Welch ein Mythos! Eine Dichtung. Sie glaubt, dass er daran glaubt. Wenn er nicht glaubte, würde das zu bemerken sein. Das wäre zu sehen, zu spüren, selbst auf Fotografien. Wie genau und warum zu spüren, weiss sie nicht. Wenn es nicht so wäre, wäre er nicht der, der er ist, der spricht, wie er spricht. So wirkt nur einer, der authentisch ist. Sie glaubt ihm sein Credo. Sie hat keins, kein so knapp formuliertes, lateinisch jubelndes. Sie hat bloss ein windiges, verlorenes, unversehens für Sekunden geschenktes. Manchmal ein mit galoppierender Schwindsucht geschlagenes, vorläufiges, sie immer wieder überwältigendes, ersehntes. Lebte es sich leichter mit einem Glauben, lebte es sich schwerer? Mit welchem Glauben? Ist es der, für den es keinen Ersatz gibt?

* * *

Möglich

Jenseits des Himmels ist das Weltall. Und dahinter? – Das Nichts. – Was ist das Nichts? – Nichts. – Könnte es eine unsichtbare Wand sein, an der alle Flugkörper zerschellen? – Nein. Das Nichts ist nicht denkbar. – Warum ist nicht Nichts? – Damit wir und das Nichts sind und sein können. – Könnte Gott im Nichts sein? – Möglich. Vorstellbar wäre, dass er nicht im Nichts ist, sondern das Nichts selbst. – Er ist also undenkbar? – Nicht ganz. Wir denken ihn mit Hilfe unseres Apparats, so wird er denkbar. – Wo ist mein Sonnenhut? – Im Wandkasten. – Warum weisst du das? – Weil du ihn meistens dorthin legst. – Wieso weiss ich das nicht? – Du legst ihn aus Gewohnheit hin, denkst dabei nichts oder was anderes. – Ich hab ihn also vergessen? – Nicht ganz. Du erinnerst dich an ihn, weisst, dass du einen hast. – Wäre ein denkbarer Gott einem Sonnenhut zu vergleichen? – Nur in einem bestimmten, einzigen Blickpunkt. Du ziehst ihn hervor, wenn du ihn brauchst oder meinst, ihn zu brauchen. Er schützt dich vor Sonnenbrand. Aber nur partiell, ausserdem nur, wenn du in der Sonne stehst und der Hut einem Panamahut ähnelt. – Für einen denkbaren Gott gibt es also keine Vergleiche? – Nein. Keine richtigen. – Auch nicht den mit dem Nichts? – Möglicherweise auch nicht den. Das Nichts ist vielleicht nur für uns Menschen undenkbar. Und da für uns das Nichts undenkbar ist, muss ein Denkbares vom Nichts ausgeschlossen sein. – Wieso eigentlich denken wir uns einen denkbaren Gott? – Ich weiss es nicht. Wahrscheinlich erfüllt er seit Urzeiten in unserm Hirn mehrere Bedürfnisse. Oder er hat eine wichtige Funktion: dem an und für sich zufälligen Leben auf diesem Planeten eine Absicht, einen Grund zu leihen. – Zu leihen? – Soweit wir ihm das erlauben. – Du meinst, er habe uns nötig? – Ein Gedanke, den schon andere ausgedrückt haben und der vielleicht mit Platons Gedanke zusammenhängt, dass die Ideen im Sinnlichen erst gegenwärtig seien. – Wir wären also, als die sinnlichsten Wesen auf diesem Planeten, die Ideenträger eines denkbaren Gottes? – Ich weiss nicht, ob man das so sagen kann.

– Wäre es möglich, es anders zu sagen? – Ja, sicher. An der Sachlage änderte sich nichts.

Du siehst alt aus, wenn du dies aufschreibst, denkt sie für sich. In meinem Alter darf ich alt sein, sagt sie sich. Das ist nicht nur möglich, das ist ein Privileg.

* * *

II Texte

Meinen

Wir überlegen uns, ob wir Sie zu Ihnen sagen sollen oder Du zu Dir. Im Sie sind Abstand, Fremdheit und Respekt. Es drängt uns, wenn Sie gestatten, zum Sie. Wir fürchten zwar, dass sei Ihnen völlig gleichgültig. Unser Fürchten aber hilft uns nicht weiter. Bedenken Sie, dass im Fürchten immer etwas Wut oder noch mehr verborgen ist, Zorn der Untertanen. Warum versuchen wir mit Ihnen zu sprechen? Wir wissen, dass wir Sie langweilen, immer brauchen wir dieselben Worte. Wir haben keine andern. Ist das unsere Schuld? Jedes Sprechen ist ein Versuch. Kann er mit Ihnen einer sein? Wir wagen ihn, denn wir sind Menschen. Das Wagnis gehört zum Menschen. Der Mensch ist eine Person. Alles, was wir meinen, meinen wir persönlich. Vielleicht ist unsere Gruppe, wir bilden nämlich eine Gruppe, allein mit ihrer Meinung. Das kümmert uns nicht. Von der Geburt bis zum Tod sind wir Individuen, und das heisst, von Zeit zu Zeit ist jedes Individuum allein. Wir können blicken, wohin wir mögen, wir sehen das Vonzeitzuzeit-Alleinsein in allen und allem, in Pflanze, Tier und Mensch. Alle stehen, gehen, fliegen, sitzen, liegen, ändern sich, wachsen, blühen, welken, sterben allein. Ich auch, ich auch, sagen alle. Dieses Vonzeitzuzeit-Alleinsein ist eines der Gesetze des Daseins, an das haben wir uns gewöhnt. Haben Sie sich auch an Ihre Gesetze gewöhnt? Wissen Sie, was wir meinen, wenn wir Ich sagen? Dann meinen wir unsern Körper, unsere Seele, unsern Geist. Um diese uralte

Dreiteilung kommen wir nicht herum. Obwohl Seele und Geist eigentlich wissenschaftlich nicht bewiesen werden können – was uns zur Frage führt, ob Sie wissen, was wissenschaftlich ist –, fühlen wir die Seele, wie wir unsern Körper spüren. Sie schmerzt uns, sie freut sich, und wenn wir mit Ihnen zu reden versuchen, benötigen wir sie – vielleicht ist auch das ein Irrtum – noch mehr als unsern Körper, denn sie, die Fliegendleichte, die Spielerin, verführt uns immer wieder zu Überraschendem. Vom Dritten der Dreieinigkeit, dem Geist, ist es schwer zu sagen, was er für uns ist. Er ist da, aber wie und wo? Die Seele können wir uns ortlos denken, den Geist aber hätten wir gerne irgendwo im Hirn situiert. Oder ist er auch schwebend und weht, wo er will? Lässt sich nieder mit Feuerzungen oder mit Wassergüssen. Oder will gar nicht? Aber immer, wenn wir denken oder meinen zu denken, ist es, wie wenn eine Computermaus im Hirn gedrückt worden wäre, ein neuer Ordner geht auf, ein neues System beginnt, die Affekte treten in den Hintergrund. Struktur, Klarheit, Logik herrschen eine andere Temperatur ist unter dem Schädel, das Herz schlägt ganz leise, der Körper ist nicht spürbar, das Grosshirn übernimmt vom Zwischenhirn den Rang – für eine Weile nur –, alternierend mit Funkstille. Beglückt sind wir dann, fühlen uns, schon wieder ein Fühlen, als Mensch, als Lebenskünstler, als Meister. Die Biologen sagen, dass jeder Reiz im Gehirn nur Sekunden daure, sonst werde er gar nicht mehr als Reiz wahrgenommen.

Wir meinen, dass es noch andere Gesetze des Daseins gibt. Sie sind in keinem Gesetzbuch zu finden, doch sind sie da und werden manchmal nicht unbestraft vernachlässigt. Das ist tragisch. Von vielen wissen wir nicht einmal, dass es sie gibt. Ein Gesetz, von dem wir wissen, ist das der Bedürftigkeit. Wir bedürfen der Nahrung, körperlicher und geistiger. Seit Geburt wird die uns von anderen gegeben. Wir bedürfen des Austauschs: der Aufnahme und der Verdauung, Rede und Gegenrede, Anregung und Besänftigung, wir bedürfen irgendeiner Lust und des nachfolgenden Schlafs. Am meisten bedürfen wir der Liebe. Zur Liebe aber, das ist merkwürdig, gehören Glaube und Hoffnung, wiederum eine Dreifaltigkeit. Doch woher sollten wir, da wir von Zeit zu Zeit allein und bedürftig sind, Glaube und Hoffnung nehmen, die abstrakter sind als die Liebe? Zur Liebe werden wir erst einmal getrieben, zu Glaube und Hoffnung müssen wir uns anstrengen. Wir sind sehr oft glaubenslos, oft hoffnungslos, und auch mit der Liebe ist es schwierig. Wir sind Menschen in ihren Gegensätzen. Und mit Ihnen, unauflöslicher Urgegensatz, ewiges Geheimnis, wollen wir reden, obwohl Sie in Stummheit verharren und jede gesicherte Gegenrede ausbleiben wird. Fragen haben wir auch. Das Fragen ist ein Menschrecht. Manchmal machen wir einfach kurzen Prozess, geben uns selbst eine Antwort, obwohl keine Antwort die letzte sein kann. Sie sehen, in welch heikler Lage wir uns befinden, wir sehen es auch, und wie verrückt der Mensch zu sein gezwungen ist.

* * *

Haben Sie Humor?

Ein Mann aus unserer Gruppe springt, einen Tag vor seinem hundertsten Geburtstag, als die Pflegerin ihn zwingen will, gewaschen zu werden, im obersten Stock seines schon mit Geburtstagsblumen geschmückten Zimmers, von dem er eine hübsche Aussicht hat, aus dem Fenster und muss nicht mehr gewaschen werden. Eine Frau hält sich, als der Gong, der alle Bewohner des Hauses zusammenruft, nicht mehr tönt, an den Handgriffen des Rollers, geht mit ihm aus dem Zimmer im ersten Stock in den Gang, zwängt sich in den Lift, fährt hinunter, geht an der offenen Tür des Speisesaals vorbei, es weht ihr der bekannte Geruch entgegen, der Saal ist voll Sonnenlicht, das seit ungefähr zehn Uhr von der Terrasse rosenmonatlich über Tische, Stühle zu Boden gleitet, mit Hilfe ihres Wägelchens geht sie, ohne wieder den Lift benützen zu müssen, durch einen schrägen Gang zur Hintertür hinab, sie ist nicht geschlossen, sie gelangt auf den vorderen Kiesplatz, verlässt die Frontseite des Gebäudes, im Schatten der Bäume geht sie langsam zum Tor, das offen steht, durchschreitet es, bleibt am äusseren Rand des Gehsteigs stehen, wartet auf den Bus, der zum Hauptbahnhof fährt, bedauert kurz, dass er beim Heranfahren schon die Geschwindigkeit verringert, und wirft sich auf die Strasse, mit einem Sprung, den sie sich nur noch in ihren Träumen zutraute, und sie braucht an Gerüchen, die seit langem ihren Ekel erregt haben, nicht mehr teilzunehmen.

Und nun fragen wir Sie, uns einbildend, dass Sie uns zugehört haben: Muss das sein? Wir nehmen an, Sie antworten: Wegen solcher Kleinigkeiten wie Gewaschenwerden und Mittagessenriechen springt und wirft man sich nicht. Enttäuscht von Ihrer Hartherzigkeit, meinen wir: Waschen und Mittagessen sind bloss das Tröpfchen, das den Krug zum Überlaufen bringt. Im Tropfen verbirgt sich, nebst vielem anderen wie quälender Müdigkeit, Grimm und Genugistgenug-Überdruss, noch Tieferes, Gewaltigeres: Einige Menschen sind nur beschränkt fähig, Liebesentzug, Glaubens- und Hoffnungsentzug zu verkraften, in schmählicher Entmündigung, im Zerfall des Leibes, des Gedächtnisses, im Schwinden der Schrittfähigkeit, in zunehmender Langeweile, vielleicht auch in zunehmender Sehnsucht nach etwas, für das sie keine Worte finden, Jahr für Jahr auszuharren. Zumal im hohen Alter Sommertage eine endlose Tortur aus Hitze und Stickigkeit sein können. Wobei wir betonen, dass nicht Sie hartherzig sind, dass jedoch liebe Mitmenschen, Abkömmlinge der Allerersten von Ihnen – wie die Schöpfungsgeschichte erzählt – aus Lehm und Rippe hinter den Pforten des Paradieses mit beinahe allen Freiheiten Erschaffene es sind, die in Hartherzigkeit und Blindheit verharren. Diese Nachkommen, das möchten wir Ihnen mitteilen, berufen sich mitsamt ihren Regierungen auf Sie, und dabei sind Sie den Regierenden im Grunde genommen hundsegal: derweil die von der Unantastbarkeit des Lebens reden, lassen sie in Kriegen verschiedenster Art und Grausamkeit ihrer Mordlust freien Lauf. Einige der Nachfahren der von Ihnen Erschaffenen meinen, es sei Sünde, das Dasein selbst zu beenden, das stehe nur Ihnen zu, in

Wirklichkeit kümmern sie sich nicht um das, was Ihnen zusteht, sie bilden sich aber ein, genau zu wissen, was Sünde ist. Wir haben den Verdacht, dass all das nur Vorwände sind, um irgendwelche materiellen, allenfalls vorgetäuschten Interessen an möglichst vielen Kranken, Alten und Lebensüberdrüssigen zu kaschieren. Die, wie sie sagen, mitleidig Zu-Hilfe-Eilenden sollten sich zuerst mit sich selbst befassen, unter ihrem unwiderstehlichen Drang nach Nächstenliebe kann sich wilder Machttrieb verstecken. Und ist es denn für die Leugner einer freien menschlichen Entscheidung uneinsehbar, dass es solche gibt, die lieber nicht sprängen und sich würfen, sich auch lieber nicht eine Kugel in den Kopf jagten, auch nicht sich ertränkten oder vergifteten, sie haben bloss den bescheidenen Wunsch, ungepeinigt, ungeschockt, ohne Aufsehen in einem stillen Zimmer, am liebsten zu Hause, wo sie gelebt, gelitten, geliebt haben und eben dann, wenn es für sie Zeit wird, sich auf ein Bett zu legen, am besten auf ein gewohntes, vielleicht eines im Schatten von Bäumen auf einer Veranda, um würdig eine Pille zu schlucken und einen Trank zu trinken, den sie selbst erworben haben, so wie man eine Arznei erwirbt?

Wir sind übereingekommen, Sie heute mit Verehrter Angesprochener anzureden. Wir haben gehofft, dass Sie uns zugehört haben – vielleicht hört Er uns doch, hat eine aus der Gruppe gesagt –, Ihnen wird Allwissenheit attestiert, Sie wissen, wann solche Freiheit möglich sein wird. Wann? In drei oder dreihundert Jahren?

Wir wissen auch, dass eine leichte Erwerbbarkeit des Tabu-Fläschchens zwei Seiten hätte. Die eine wäre: Der Besitz der Flüssigkeit wäre dermassen tröstend, dass ihre Anwendung von Tag zu Tag hinausgeschoben werden könnte und somit unbesorgt, befriedet, einen anderen Tod erwartend, natürlich und hoffentlich selig gestorben wird. Kurz: dass mit der gesammelten Gewalt der Natur gestorben wird. Die andere wäre: Das Mittel wird missbraucht, manche würden wider ihren Willen in den Tod gezwungen. Wir vermuten, dass Gutes und Böses nicht und nie zu trennen sind. Seit Anfang kann aus dem einen das andere entstehen. Der Engelssturz vom Himmel in die Hölle, wo nun das Böse unten so lange dauert wie das Gute oben, soll – mit Verlaub – Ihre Anordnung gewesen sein. Das Merkwürdige bleibt: Im Weltall gibt es weder unten noch oben. Ist unten oben und oben unten? Sind Sie unten und der Teufel, Ihr Gegenteil, oben? Es wäre schön, sich vorzustellen, dass Sie über unsere unüberwindlich erdenhafte Hirntätigkeit lächeln. Haben Sie vielleicht Humor?

* * *

Palaver

Wenn wir an Sie denken – wir Exzentriker denken hie und da an Sie, möglicherweise auch dann, wenn wir nicht an Sie denken –, stossen wir naturgemäss auf ein Christentum. Ist der Wanderprediger mit dem Namen Jesus Christus, der von sich sagt, er sei Ihr Sohn und Sie seien sein himmlischer Vater, der eigentliche Gründer dieser Religion? Oder gründen seine Schüler, die Apostel Petrus und Paulus – die allmählich merken, dass sich mit der, zugegeben, begeisternd neuen Lehre ihres Lehrers, seiner Wundertätigkeit, seinem integrierten Kreuzestod und seiner verkündeten Auferstehung eine Riesenfirma aufziehen lässt –, beginnen erst seine Apostel die erfolgreiche Art von Aktiengesellschaft mit beschränkter Haftung, später Kirche genannt. Ach, unsere Menschenworte, unwirksames, unnützes Gefasel. Eine herrliche Grosszügigkeit müssen Sie haben, unendliche Geduld, sind sich durch Jahrtausende an Schmähung gewöhnt. Könnte man annehmen, dass Sie endlosen, unverminderbaren Respekt für die Freiheit des Menschen bewahren? Seit diese räuberische Horde auf der Erde herumwütet, gibt es nichts, was es nicht gibt. Die mangelhafte Beschreibung dieser Taten häuft sich als Stoff und Staub in den Welt-Bibliotheken. Worte aber sind Worte. Worte sind sterile Konserven. Leid aber ist Leid, immer frisch. Gelitten wird immer original. Kurzformel: Die Erde ein Jammertal. Hören Sie die nie aufhörende Brandung, die Wellen der Klagen? Hören Sie das ferne dichte Rauschen der Schreie? Sehen Sie uns als das, was wir auch sind: mit Ausnahme von ein paar Ausnahmen, Heilige genannt – von denen wir annehmen, dass sie einfach partielle Verrückte oder Hysterikerinnen sind –, ein toller Haufen; es gibt nichts, was wir nicht sind, wir sind gut und schlecht, stinkend und duftend, Alles- und Nichtskönner, Porno- und Fotografen, Erfinder und Entwinder, losgelassene Raubtiere, gekettete Sklaven. Wir, die Gruppe, fühlen keine Neigung, weibliche Sprachform an die männliche anzuhängen, als echte

Feministen sehen wir die Frau als Mensch, als d e r Mensch. Und Sie? Ist der Mensch Ihnen eine Betrachtung wert – es ist doch eigentlich erstaunlich, wie sich dieses Wesen durch die Jahrtausende entwickelt hat –, dient Ihr Betrachten Ihnen als Unterhaltung – das Kämpfen um Geld, Lob, Rangordnung, Anerkennung, das Gieren nach Spass, Lust, Macht, der Drang nach Schönheit, die Sehnsucht nach ihr und der Wille zu dem, was wir nie sind, nie sein werden, Götter, und nach kurzer Zeit ein Häuflein Asche. Oder waren, sind und bleiben wir Ihnen weltalltief egal? Wir möchten sehr, dass dem nicht so ist. Wozu denn all dies Treiben, wozu der Mensch? Muss sich lebenslang mit sich selbst und dem anderen begnügen, und dann noch dement werden. Für uns Exzentriker wäre es gut, wenn wir Sie interessieren würden. Wenn das nicht so wäre, müssten wir uns damit abfinden. Wir haben schliesslich schöne Künste, Bücher, Bilder, Filme, Musik – und eine schönere als die des Abendlandes gibt es kaum. Für die, die keine Musik, Bücher, Kunst als Kunst, Film als Film wollen, haben wir Fernsehen, Sport, Handys, Internet, SMS, Open-Airs, Musicals. Wir haben Computer, mit denen wir mit Hunderten von Freunden aus aller Welt tschätten können, haben kluge Philosophien, werden unterhalten von einer Wissenschaft, die immer einen Ausweg weiss, immer Neues bringt, haben die Technik der Naturbemeisterung, haben eine Medizin, die gegen fast alle Unannehmlichkeit Mittel hat. Wir haben und haben. Und in unserem Weltteil haben wir ein noch niemals erreichtes Haben.

Auch einige ausserhalb unserer Gruppe benötigen Sie von Zeit zu Zeit. Wenn sie von einem Tod überraschtwerden, der von Freunden, Geliebten, Bekannten, an eine Beerdigung gehen müssen, wenn sie Hochzeiten feiern, trauern. Uns aber lässt Ihr Sohn noch keine Ruhe. Ohne ihn würden Sie weiterhin der Abwesende, der Gestalt- und Bildlose, der Unvorstellbare geblieben sein, der grollende Jahwe des Alten Testaments, ähnlich denen aus dem Olymp. Alle aus der Gruppe geben zu, dass der Schunken, Altes Testament genannt, eine zu früh aufgegebene Lektüre war. Keiner von uns ist ein Theologe, vielleicht ist das ein Fehler. Sie sind uns sozusagen eine Forschungsfaszination. Dafür können wir eigentlich nichts, vielleicht besitzen wir ein seltsames, allmählich aussterbendes Gen. Falls ein Gottessohn auf die Welt gekommen ist, muss im Himmel, wo denn sonst, ein Vater sein, ein himmlischer, und notgedrungen eine Mutter, die Gottesmutter, die Himmelskönigin. Die im Begriff der Trinität der damaligen patriarchalischen Welt nicht vorkommt. Das tönt für uns – wir sind nun wieder die gewöhnlichen Alten auf der Strasse – vertraut und verständlich. Weil wir imstande sind, es zu begreifen, sind Sie ganz in unsere Verfügung geraten. Wir fühlen uns heimisch mit unserem Kinderglauben an einen lieben Vater, eine hilfreiche Mutter. Dass der Heilige Geist aber auch noch in dieser Gottfamilie steckt, ist sehr merkwürdig. Ist er der unbequeme Rest, der nicht aufgeht, dem Katechismus-Glauben ein Bein stellt. Ist er der Blitz aus heiterem Himmel mit dem Donnerschlag der Freiheit des Denkens, der Möglichkeit, alles in Frage zu stellen, das Zerfetzen aller Gewissheiten? Sie, und wir meinen jetzt Sie nicht als den Vater, den alten, grosspapischen Greis, der jeden Augenblick sterben kann, schon unzählige Mal gestorben ist. Wir wollen Sie retten, obwohl Sie nicht auf Rettung angewiesen sind, wie könnten Ameisen eine Sonne retten! Wir lassen Sie nicht einen guten Mann sein, wir wollen mit Ihnen reden, mit Ihnen, der uns jede Sprache wegnimmt, sodass uns bloss ein stummes Staunen bleibt, wir meinen Sie als den Herrn des Weltalls, in dem, wie die Astronomen beweisen, Milliarden von Galaxien endlos sich ausdehnen, Milliarden von Lichtjahren von der Erde entfernt, einer Erde, die sich am Rande einer der Galaxien genau im richtigen Abstand vom Zentralgestirn befindet, nicht zu nah, nicht zu fern, nicht zu heiss, nicht zu kalt, umhüllt mit Luft, aus der es regnet, Meere entstehen, in denen, wie Biologen beweisen, die ersten lebenden Organismen sich formen und durch Millionen von Jahren das Wunder des Lebens entsteht. Einer Erde, die wie alle Planeten und Fixsterne in rasender Bewegung ist, austariert von der Gravitation, mit wechselnder Stellung der Erdachse, die uns, auf unsrer Fahrt um die Sonne, zu wunderbar wechselnden Jahreszeiten verhilft. Und alle Himmelskörper halten sich gegenseitig in vollendeter Harmonie fest, sind gehalten in elliptischen Bahnen, kreisend um sich selbst, ruhend in rasender Geschwindigkeit. Was für ein grossartiges Universum über und unter uns. Nie wird eine Raumfahrt an seine letzte Bastion gelangen, da wir endlich sind und die Lichtgeschwindigkeit eine Grenze hat.

Wo ist nun Ihr gemütliches Sofastuben-Vatersein? Wir Erdenbewohner mit sehr beschränkter Sicht haben es nicht leicht mit Ihnen. So stellen wir uns von Zeit zu Zeit vor, dass Sie eine Erfindung traumatisierter Menschen sind. Irgendwo, am ehesten als Kinder, im Himmel bei der seligen Familie, müssen wir doch noch glücklich werden.

War das Christentum eine Religion für die Armen, Benachteiligten, Kranken? War es auch den Reichen dienlich? Die Reichen, Könige, Fürsten, Fürstäbte, Päpste, liessen prächtige Kirchen und Paläste bauen. Das gab der Volkswirtschaft einen Schwung, der aus Armen etwas weniger Arme machte. Christentum mit allem Drum und Dran war des Menschen sozio-kulturelle Leistung, christliche Religionskriege nach dem damaligen Stand des menschlichen Bewusstseins unvermeidbar. Und wenn Menschen ins Palavern geraten, reden sie, ob Sinn oder Unsinn, solange der Speichel fliesst, ruft eine aus der Gruppe. Wir kommen überein: Das Beste mit und an Ihnen ist – und nun meinen wir Sie als unsern anthropozentrischen Irrtum –, dass nichts, gar nichts Sie zum Reden, zu einer Rede bringen kann, die wir unmittelbar verstehen. Endlose Interpretationsmöglichkeiten sind uns damit bereitet.

Isa, die Schreiberin der Gruppe – nebenbei gesagt, sie wurde zu diesem Job einfach verknurrt –, geht um halb zehn Uhr abends auf den nahen Hügel, muss oben lange stehen bleiben. In verzauberter Stille, durchglüht von der untergegangenen Sonne, leuchtet strahlendgrell, in schauderlicher Schönheit, ein grenzenloser rotgelber Himmel; unten, wo er die Landmasse berührt, durchstechen ihn kleine schwarze nadeldünne Baumwipfel, oben verliert er sich in dünnen Wolken. Der See, von der dreieckigen Schale des Landes dunkelviolett eingerahmt, glänzt in einer Farbe, die keinen Namen hat. Um zehn Uhr ist plötzlich Nacht, alles vorbei. Nacht als Trost. Von Himmel war viel die Rede. Erde braucht die Schreiberin, den vertrauten Boden. Ihre liebe Erde braucht sie jetzt, und Schlaf, das dem Menschen Geschenkte.

* * *

Liebe und Hass

Unsere Gruppe, von der noch oft die Rede sein wird, besteht auch aus solchen, die, nach einem Zusammenbruch ihres bisherigen Lebens, vor der Alternative standen: entweder sich umzubringen oder irgendwie, gleich wie, weiterzuleben. Der Bruch wurde erlitten und bedacht. Erschüttert blieben Herz und Hirn, nichts war, wie es gewesen war. Diesen Menschen ist das Wort Schmerz kein Wort mehr, sie haben ihn in Körper und Seele begriffen, im buchstäblichen wie im individuellen Sinn.

Die Zahl der Gruppenmitglieder ist nicht feststellbar, sie schwankt ständig, auch treffen sie sich nicht, weder in einem Chatroom noch in einem Selbsthilfe-Zirkel. Ahnen Sie auf unerklärliche Weise voneinander? Einige von ihnen haben ungefähr den gleichen Jahrgang, haben dieselbe Luft geatmet, waren ungefähr den gleichen Prägungen ausgesetzt, bergen ähnliche Erinnerungen. Sie denken, dass es noch Werte gibt, eine Skala von Werten, an denen sie festhalten, eine

Ordnung der Werte gibt, veränderbare und unveränderbare Ordnung, denken, dass nicht alles, was als möglich gilt, auch möglich sein muss, werden von den andern belächelt. Diese anderen mit verschiedenen Jahrgängen und anderen Prägungen sind unruhiger, schwankender, verlieren oft die Contenance. Alle aber lieben das Selberdenken und Selbersuchen. Alle nehmen das Dasein nicht einfach stumpf hin, wollen Inhalt und Gestalt. Als die Zweiterzogenen ihres Schicksals mögen sie das Fragen, das Zweifeln.

Deus caritas est, schreibt der Papst. Weiss er, was er schreibt? Ahnt er, dass die Liebe, auch die Caritas-Liebe, jede mögliche Form annimmt, ein Sammelsurium der Affekte und der Vernunft sein kann? Ist sie ein Kompendium der Gegensätze? In jeder Liebe können Leidenschaft und Hass sein, Hitze und Kälte, Abwesenheit und Gegenwart, Grausamkeit und Zärtlichkeit, Sexualität und Tod. Es gibt nichts Abgründigeres als die Liebe. Vorausgesetzt, und nun kehren wir zu Ihnen zurück, Sie wären wirklich die Liebe, dann wären Sie fähig, uns auch zu hassen, grausam zu plagen, uns zu vernichten. Das würde uns ängstigen, wenn wir ohne Unterbruch an Ihre Existenz glaubten. Das tun wir aber nicht, und Gleiches mit Gleichem vergelten können wir. Auch wir hassen Sie zuweilen. Kaum glauben wir ein Zipfelchen von Ihnen zu erhaschen, ist es nicht mehr da. Kaum glauben wir von Ihnen eine schwache Ahnung zu bekommen, wird sie Irrtum. Wenn wir glauben an Sie zu glauben, werden Sie ein Nichts. Eines können wir nie: Ihnen sagen, um Sie, jesuitisch, gnädig zu stimmen: dass wir Sie lieben. Wir würden alsbald in ein unangenehmes Lachen ausbrechen, möglicherweise in ein bitteres. Wir tragen alle einen offenen und geheimen Makel, sind Invalide, das heisst Verwundete. Und Sie, von dem gesagt wird in Wort und Schrift, Sie seien die Summe alles Guten, die Vollkommenheit selbst, Sie haben uns – vorausgesetzt, wir wären Ihre Geschöpfe – derart mangelhaft erschaffen, dass der Gedanke nicht zu vermeiden ist: Ab gewissen Jahrzehnten sind wir ein klapperndes Gebein mit etwas Fleisch, so richtig gemacht für das Zwick und Zwack unzähliger Leiden.

Einige sind Überblicker ihres Lebens. Mit dem, was geschehen und gewesen ist, sind sie von Zeit zu Zeit sehr unglücklich. Einigen hat es am Liebenkönnen und Geliebtwerden gemangelt. Sie beobachten die glücklich Liebenden und Geliebten und fragen: Warum die und nicht ich? Warum immer die und noch immer nicht ich? Und Sie, und jetzt kehren wir nochmals zu Ihnen zurück, Sie sollten Einer sein, von dem gesagt werden kann: *Deus caritas est?* Und die Unglücklichen, ohne die Liebe, die sie sehnsüchtig meinen und sehnsüchtig wollen, sie, die Ärmsten der Verurteilten, erfahren die jemals Ihre karitative Liebe? Wo sind die Gerechtigkeit und die Wahrheit. Eine Frage, die nie Antwort bekommt, muss das Fragezeichen verloren haben.

***

Wunsch-Kinder

Wir sind Privilegierte. Die, die nicht wissen, ob sie morgen essen oder verhungern, haben keine unserer Probleme. Die, die nicht wissen, ob sie abends zerfetzt in einem Krater liegen, haben Gedanken, die den unsern kaum ähneln. Wir, die Privilegierten, sind nicht nur von abwegigen Gedanken voll, auch von zu viel leerer Zeit. Die ruft dringend nach Beschäftigung. Nach dem Zusammenbruch unserer früheren Welt haben wir ein grosses Bedürfnis nach Beschäftigung, die uns aus leerer Zeit rettet. Rettungsmöglichkeiten gibt es zahlreiche: Reisen, Wellnesswochen, Seniorentanz, Erwachsenenbildung, Radiohören, Gartenarbeiten, Fernsehen, Enkelbetreuung, Eintritt in Vereine, wie die zur Förderung des Lesens. Einige der Möglichkeiten benutzen auch wir, obwohl wir einen Drang zu elitärerem Tun spüren. Die meisten der Möglichkeiten füllen die Zeit nicht in dem von uns gewünschten Masse. So kehren wir immer wieder, notgedrungen und merkwürdigem Triebe folgend, zurück zu der seltsamen Beschäftigung mit Ihnen. Von dem wir, wenn die Skepsis uns erfasst, annehmen, dass er ein Phantom ist. Damit geraten wir langsam in die Nähe von Institutionen für diejenigen, die unter gewissen Unfähigkeiten leiden, das Leben als Sinnlosigkeit zu leben, es ganz nüchtern und ohne Geistesverwirrtheit zu geniessen, solange das Wenige, was es zu bieten hat, zu geniessen ist. Aber es kommt das schreckliche Altern, vorbei Sexualität, vorbei Liebe. Was bleibt dann noch, auf Fressen und Saufen keine Lust mehr, auf Reisen keine Lust mehr. Was bleibt, ist zurückgehaltene Angst, die wühlende, verderbende, lähmende vor dem Nichts. Das Nichts, das kein Nichts ist, es ist ein rasches, loderndes Zischen des Feuers, es ist ein langsames, grausiges Verfaulen in der Erde. Notgedrungen ziehen wir es vor, dem Kreis von Verrückten, von entrückt Verrückten oder von klaren, geistesscharfen, vernünftigen Verrückten – die weibliche Ausgabe ist möglicherweise die Hysterikerin – näherzukommen. Erklärlich, warum es immer eine Nonne ist, die Heilung von einer unheilbaren Krankheit erfährt, plötzlich und unerklärlich, und damit das nötige Wunder liefert, von mehreren Ärzten bezeugt, die der eingemauerte Leichnam eines vor sechs Jahren gestorbenen Papstes benötigt, um, als Person, selig gesprochen zu werden. Das heisst doch: Dieser nun selige Papst ist nicht für immer tot, er ist oder wird selig. Aber wie denn? Psst, stopp! Keine weitere Frage!

Das, sehr geehrter Wahrscheinlich-Nichtexistierender, bringt uns auf das Problem der Kirche als einer Institution der Beziehungsverwaltung mit Ihnen. Eine Kirche, die möglicherweise nie viel mit Ihnen zu tun gehabt hatte. Als wir kindlich gewesen waren, schien das anders zu sein. In ihr gab es Feste, wie sie gefeiert werden müssen, mit Schauspiel, Pomp, mit Musik, die Musik war, Feste in gehobener Sprache. Ostern, das Fest der Auferstehung, der schwarze Vorhang wurde hörbar über dem Toten zugezogen, der violette über dem Gemälde des Auferstehenden, zum Himmel Fahrenden, weggezogen; Orgelgebrause erfüllte den Raum, Kerzen leuchteten, Weihrauch duftete, draussen tanzten ein paar letzte Schneeflocken, Frühlingssonne brach gewaltig durch die Fenster. Der Weisse Sonntag war windig, wollene weisse Strümpfe, weisse Schals hielten Kälte ab, auf den Haaren lag ein wächserner Blütenkranz, Blasmusik spielte, begleitete den feierlichen Zug zur Kirche, die erste Hostie, nicht zerbissen, im Speichel aufgelöst, rutschte, von gelerntem Gebet begleitet, durch den Gaumen, der Leib Christi schmeckte süsslich, dann schmeckte er nach nichts, aber er war dort, wo die Seele war. Pfingsten war das Fest der Herabkunft des Heiligen Geistes, der Kirchenraum voll flammender Pfingstrosen, alleluja, alleluja machte das Orgelgestürm, Silberglöckchen läuteten, Feuer zitterte, die Pfingstsequenz tönte als anmutiger Gesang, fremdartig, unverstanden, damit nie erledigt, herrlich von allen Emporen: *veni, sancte Spiritus, et emitte caelitus lucis tuae radium, veni, pater pauperum, veni, dator munerum, veni, lumen cordium, Consolator optime, dulcis hospes animae, dulce refrigerium* .... Advent, frühmorgendlichste Winterdunkelheit endete in einem warmen Lichtermeer, Weihnachten war, als ob der Christbaum aus der Stube in den Chor des Kirchenraums geflogen wäre, und der Gesang: *et incarnatus est de Spiritu Sancto ex Maria Virgine: et homo factus est* wurde das Selbstverständlichste, der Fleischgewordene lag in der Krippe, wenn auch nur gipsern, Maria lächelte, alles war gut. Die Feste des Kirchenjahres reihten sich wie ein Reigen des rituell Erfahrbaren, blieben, trotz aller Sinnlichkeit, unauflösbares Geheimnis. Barockes Theater war es, ohne dass es als Theater wahrgenommen wurde. Junger wie alter Mensch, daran ändert sich nichts, liebt Theater. Es vereinigt die Seele mit Bedeutung. In die

Kinder floss der Sinn als süsse Speise, drang in sie als unbewusster Zauber. Nachher, später, gab es Erläuterungen, Christenlehre. Glaube wurde formendes Element für Herz und Hirn. Erst nachher, lange nachher, geschah das Unvermeidliche: das Leben, die anderen Ansichten, die Kenntnisse, das hastige Apfelessen vom Baum der Erkenntnis. Aus, aus war's mit dem Paradies. Unaufhörlicher Wandel kam, der Zweifel, die Kälte, die endgültige Trennung.

Wir in der Gruppe mussten im Laufe der Zeit, äusserlich oder innerlich, aus der Kirche austreten. Um nicht vor leeren Bänken zu stehen, passen die Pfarrer sich nun an, plappern nach Gutdünken irgendwas, was Sozialhelfer plappern. Herzlich willkommen, sagen sie, und dann gibt es den Hiphop. Pubertierende Jugend mag das anziehen. Wie ergeht es den Mittelalterlichen, den Bejahrten? Selbst wenn sie Predigten zuhören, klingen die Worte blechern, rascheln dürre Blätter. Private Sucher sind einige geworden, wie Unzählige in früheren Zeiten auch.

Sehr geehrter geheimnisvoll Unfasslicher – in unserm Hirn, in unsrer Seele? –, sind Sie von Zeit zu Zeit unsterblich – haben Sie sich aus der Ödnis der Kirche ganz wegbegeben? Falls Sie unter der römischen Petruskuppel residierten, residieren Sie auch in einem Blütenbaum, im Sonnenaufgang, im Untergang der Sterne. Ja, ja, sicher, Ihnen soll Lob gesungen werden mit allem aufwendigen, schönen, feierlichen Gepränge des Vatikans, obwohl es, mit Verlaub, manchmal wie ein Gepiepse tönt. Ja, ja. Immer ein Ja. Wir sind und bleiben Wunsch-Kinder. Immer auch ein Aber. Wir bringen dieses Aber nicht mehr ganz weg. Auch wir, zeitweise schon nahe dem Grabe, können Sie einfach nicht ganz aufgeben. Aus Gründen, die vielleicht nie aus dem Geheimnis heraustreten.

* * *

Fallbeil

Wer behauptet, nie Angst zu haben, dem sitzt sie im Nacken, dort, wo er nie hinsieht. Wir sind für Angst prädeterminiert. Der Himmel scheint da nichts zu nützen. Wer kann von sich sagen, er lebe vollumfänglich, wie er zu leben wünsche, in Fülle, Lebendigkeit und Lust, ohne Schmerz, Leid und Sorge. Niemand. Niemand ist ohne Angst. Angst vor Zufällen, Krankheit, vor Verlust, Arbeitslosigkeit, Unglück, vor Einsamkeit, Dummheit, Schlaflosigkeit, Armut, Verletzung, Lähmung, Fettleibigkeit, Demenz, vor Tod, Angst vor Liebe, Hass, Freiheit, vor Terror, Flüchtlingen, Spinnen, vor Lächerlichem und Nichtlächerlichem, vor dem, was sein könnte und nicht sein kann, auch die jetzige, selbst die erst in fünfzig Jahren wahrscheinlich noch grössere Verwüstung der Welt macht Angst. Es scheint nicht viel zu geben, was uns nicht zu ängstigen vermag. Niemand klappert mit den Zähnen. Wir verstecken die Angst, beherrschen die Kunst der Verharmlosung, der Maskierung.

Mag das einer der Gründe sein, warum wir Sie in unserer Hirn- und Leibesstruktur sozusagen als Notvorrat bergen? Man weiss ja nie, was geschehen könnte. Obwohl wir lebenslang erleben, dass es vorteilhafter ist, bei Ängstlichkeit die Pharmaindustrie zu wählen, bei akuter Angstattacke die Notfallnummer mit Blaulichtwagen und nicht ein Kloster barmherziger Schwestern, die bereit wären, Hilfe aus dem Jenseits zu erflehen. Für Ängste sind Sie nicht zuständig. Sie überlassen uns dem Zufall oder der Kausalität, halten kein Fallbeil auf, löschen keine Feuersbrunst, verhindern kein Erdbeben, keinen Super-GAU, Tsunami, Tornado, mildern keinen Schmerz. Wir wissen manchmal nicht, was tun vor lauter Angst. Manchmal beten wir sogar. Vielleicht fördert das Beten die Produktion von Endorphinen, die uns ähnlich wie die Morphine beruhigen.

Wenn wir nicht wissen, wie ein Wort zu schreiben ist, finden wir es in keinem Wörterbuch. Wir wissen nie, mit welchen Buchstaben Sie sich zu schreiben pflegen.

* * *

Zufall

Zufällig mit einem Gesicht geboren, das sich zu einem Schafsgesicht auswuchs, zufällig mit einer starken Sehbehinderung behaftet, die Augenlinse im falschen Abstand von der Netzhaut, an zufällig unheilbarer Krankheit früh gestorben, begegnete sie, als sie jung gewesen war, rein zufällig, in den Gängen der Schulanstalt einem ungefähr gleichaltrigen hübschen Burschen, der sie regelmässig, langsam an ihr vorbeigehend, mit einem süffisanten: *How is your love-life* begrüsste, die Augen zukniff, die Lippen netzte und weiterging. Sie versuchte, sich nicht davon beirren zu lassen, es gelang ihr, sie war aus Zufall in eine schöne Freundschaft mit einem Geistlichen eingetreten, der sie ermunterte, Kierkegaard, Schopenhauer, Balthasar, Guardini, Rahner, Nietzsche zu lesen, und damit vergass sie den *How-is-your-love-life*-Knaben, zumal er ihr nicht mehr begegnete, auch wurde sie von ihrem zufällig sich ändernden Leben regelrecht mit Affären umgeben, in der Mehrzahl unglücklich endenden, was sie nicht nur den Zölibatären vergessen liess. Die zufällig Schafsgesichtige fiel immer wieder denselben und ähnlichen Zufällen zum Opfer oder liess sich zum Opfer machen, was sie zum Ausspruch verleitete, ihr Leben sei ein unverschuldeter böser Zufall gewesen.

Das erfuhr Isa, die Schreiberin der Gruppe, von einer Bekannten, welche die Freundin der Schafsgesichtigen gewesen war, und verführte sie mitsamt der Gruppe wieder einmal zu einer Gedankenreihe, die, weil sie möglicherweise falsch ist, zu nichts führt. Wenn das Dasein rein zufällig ist und aus lauter Zufällen besteht, ist verständlich, dass es ein unerklärlicher, sinnloser Wirrwarr sein muss. Möglicherweise kann dieses Tohuwabohu Anlass zu allerlei Herz- und Verstandesüberlegungen und daraus sich ergebender Wirksamkeit werden, somit kunst- und gewerbefördernd wirken, dem Menschen aber ist damit letztlich nicht geholfen. Falls er eine Erklärung seiner selbst, seines Schicksals versucht, endet er in unweigerlichen Fehlschlüssen. Im Falle der Schafsgesichtigen ist zu bedenken, dass das, was sie Zufälle genannt hatte, ebenso gut ihre eigenen Arrangements gewesen sein konnten. Wir führen uns manchmal selbst in die heimlich gewollte Katastrophe. Oder wir nähmen wieder einmal bei Ihnen, dem Schweigsamen, Zuflucht. Ob Sie nicht auch noch der Herr, das heisst, der Verteiler des Zufalls sein könnten. Die einen unter uns Sterblichen sind die Empfänger böser Zufälle, die anderen die des Gegenteils. Einfach so, ohne Begründung. Alle haben sich damit fraglos abzufinden. Einige unter uns finden das fies, um nicht zu sagen, gemein. Die Theologen, gezwungen, auf dies und das eine Antwort zu geben, sagen, dass Sie es dem Menschen überliessen, bei bösen Zufällen mit Solidarität und Nächstenliebe einzugreifen. Die von bösen Zufällen Getroffenen, Verletzten, Geschlagenen bedürften nicht in erster Linie des Schweigsamen Hilfe, vielmehr der Hilfe von Altruisten. Der Mensch wäre sozusagen erkoren, sich als Ihr Stellvertreter auf Erden zu betätigen. Wenn wir an den Menschen denken, nicht wie Heine in der Nacht, am Tag an den Menschen denken, dünkt uns das eine nicht akzeptierbare, billige Ausrede. Die aus der Zunft der Theologen sagen, Sie hätten den Menschen ganz ohne Vorbehalt in die Freiheit entlassen, auch in die Freiheit, nicht menschenfreundlich zu handeln. Wir sind in einem sogenannten Teufelskreis, vermuten wir. Für die, die nicht an einen Teufel glauben: in einem Circulus vitiosus.

Könnte es wieder einmal einfacher sein. Wir stellen an das Dasein einen zu grossen, ungemein kindlichen, wenn nicht kindischen Anspruch. Wenn wir keinen solchen stellten, kein unaufhörlich schönes, gelungenes, erfolgreiches, kein mehrheitlich lustvolles, kein simpelspassiges Leben wünschten, wären wir wahrscheinlich mit dem zufrieden, was uns zugefallen ist: ein endliches Mischmasch von Freude-Schmerz und Schmerz-Freude. Oder könnten wir nie, unter gar keinen Umständen, mit des Zufalls Würfelspiel zufrieden sein?

***

Landgut

Wir sitzen in einem Garten unter einem Nussbaum, obwohl er im Sturm einen dicken Ast verloren hat, steht er voll auf seinem Platz, in angemessener Entfernung rieselt ein Brunnen, wir sitzen in einem Garten, für den das Wort Garten zu klein ist, gepflegte Rasenflächen, feinkiesige Plätze, weitgeschwungene Blumenbeete dehnen sich, ohne dass das Auge an eine Grenze stösst, hinein in weite Wiesen, frischgemähte, leicht wellende, in denen Obstbäume königlich ruhn, in wohlabgemessenem Abstand jahrelang in ihre Gestalt hochgewachsen; wir sind in einem Garten, in dem die Blicke, über die sanfte bäuerliche Landschaft zu einem am Horizont noch ferneren Hügelzug hingezogen, erfreut schweifen, verweilen, zurückkehren zu einem hübschen, in die grosse Anlage eingefügten Gemüse-

und Schnittblumengartenteil, umrahmt mit Buchs und schmalen kleinen Kieswegen, eingefasst von einem zierlich geschmiedeten Zaun, und gleich daneben eine Rosenpergola, die zu einer Sitzbank führt. Wer sich darauf niederlässt, hat das Vergnügen eines Blicks auf die Breitseite des prächtigen Landhauses, das zum Garten gehört, und er gehört voll und ganz zu ihm, dem neu renovierten, dreistöckigen Gebäude mit vielen weissen Zimmern, in luftiger Reihenfolge, von Licht erfüllt, auf den schlichten Holzriemenböden liegen in richtigem Abstand erlesene Teppiche, die Möblierung drängt sich nicht ins Auge, dient der Notwendigkeit bequemen Wohnens; Blumen, füllige, schmale, einsame, gesellige, in Vasen, die ihrer Schönheit dienen, beehren die Räume. Jedes Detail, aussen wie innen, in Flur, Treppenhaus, Gängen, fügt sich ins Ganze, jeder Raum hat seine ihm allein gemässe Bestimmung, sodass der Eindruck einer Perfektion entsteht, einer selten geschehenden Übereinstimmung von Architektur als durchdachtem Plan und harmonischer Einheit mit gewählten Materialien im richtigen Farbton. Nichts wurde dem Zufall überlassen. Das Haus, in einer zeitlosen, behaglichen Schönheit, verleidet nie, ermüdet nicht. Nach langen Vorbereitungen, Bemühungen, nicht nachlassender Sorge der Bauherrschaft, die zugleich die Architekten waren, nach beinahe zwei Jahre dauernden Arbeiten von Bauleuten, Gärtnern, wie auch nach ärgerlichen Pannen und Nachbesserungen, ist es nun das geworden, was es ist und bleibt. Eine seltsam energetische Spannung geht von ihm aus, die zugleich entspannt und belebt. Als müsste zuweilen vom Landgut weggegangen sein, einzig nur, um wiederzukommen, es von ferne zu erblicken, langsam über den hellbekiesten weiten Vorplatz zu gehen, entlang einer erneuerten Scheune, die vor Zeiten statt Autos Pferde und Kutschen beherbergte, über die geschwungene Treppe durch die herrschaftliche Türe einzutreten, wiederum alles in Besitz zu nehmen, zu spüren, zu sehen, dass immer noch alles da ist und auf Empfang wartet. In die Untergeschosse, die das Haus stützen, nicht beschweren, steigen wir, in geräumige, vergnügte Keller, sie bergen die Arbeit der Gärtnerin und Haushälterin, die Jahresernte, eingemachte Früchte, Beerenkonfitüren. Und zuoberst, im dritten Stock, am Ende der Besichtigung, sagt die Architektin: Jetzt gehen wir noch ins Tirolerzimmer. Sie lacht, ob aus Schalk oder Spott, ist nicht zu hören. In ihm sind wir überrascht vom Beabsichtigten, Unwillentlichen? Rückfall ins Vergangene, wie um allem Fehlerlosen eins auszuwischen: zwei uralte kariert-verblichene Klappbetten, ein kleiner runder Wackeltisch mit bis zum Boden reichender Häkeldecke, an der Wand, dunkel gefirnisst, in naivem Ernst Gemaltes und ein Bauernstuben-Kruzifix: Referenz an das Jahrhundert, in dem der erste Bauherr das Haus in heutiger Grösse erstellen liess?

Zurück zum Schönen der Gegenwart! Ein Aufatmen, die freie Lust des Seins? Geschenktes Glück? Glück des zeitlos Gelungenen? Das Glück des Erschaffens und eines Erschaffenen. Es lässt uns, so abgehärtet wir uns auch gebärden, für selige Augenblicke glauben. Wie tief und an was? An eines oder vieles? Stört uns nicht, dass wirs nicht wissen. Glaube schwebt, will Luft.

Wir spazieren im Garten, für den das Wort Garten zu klein ist, gehen hinter die Scheune, die ein Birnenspalier stützt, gehen durch einen Beerengarten, durch ein Glashaus für kälteempfindliche Pflanzen, für Keimlinge, die des Schutzes bedürfen. Aus der Küche, der zauberhaften Küche, sind wir in Prozession durch die Gartentüre gekommen, tragen Gugelhopf, Teegeschirre, Krug und Besteck zum Gartentisch. Und als wir Abschied genommen, sind wir nochmals ins Haus zurückgekommen, Landgut, Wort wie schöne Birn hinter Isas Stirn.

* * *

D i e Frage

Junge tragen wegen Kurzsichtigkeit Linsen, lassen sich augenärztlich operieren, brauchen Hörgeräte wegen Hörschädigung, Junge werden schlapp und krank, es bekümmert sie nicht, sie leben in ungebrochener Munterkeit ohne Behinderung weiter. Wenn Steine ins Wasser fallen, gibt es Wellen, die breiten sich aus, erst am Rande des Teiches kommen sie zur Ruhe. Wenn im Alter Behinderung der Körperfunktionen und Geistestätigkeit fühlbar wird, erweckt das nicht nur Kümmernis, die sich abflacht zu Resignation, sie generiert auch Ängste, die im Tode erst erlöschen. Warum, fragen wir Sie, zu dem wir uns nach dem schönen Tag auf dem Landgut wenden, muss der Mensch alt werden, langsam alt werden, mühsam, quälend, ohne Aussicht auf Besserung, dem eignen Zerfall ausgeliefert sein, ohnmächtig restlos alles verlieren? Falls er sich nicht selbst belügt, nicht sich selbst vergaukelt mit Theaterspielen. Gezwungen von seinem Lebenstrieb, muss er Schauspieler werden. Er spielt eine Rolle, die nicht die seine ist. Belügt sich, bevor der Tod ihm die Maske wegreisst. Wer oder was ist das, was ihn zum Lügen zwingt? Ist es die grosse Gauklerin Seele, die einfach nicht alt wird, und ist, ist, als ob noch alles begänne, Leben noch immer sich öffne wie eine Rose im Sommermorgen? Ist es die Hoffnung, von der so Schönes gesagt wird? Ist es der Glaube an sich selbst, an all seine Fähigkeiten, seit der Kindheit geübt bis zur Meisterschaft? Ist es die Liebe? Die Liebe zum Leben? Unerschöpflich liesse es sich geniessen. Es ist die Erinnerung an das, was nie vergessen sein will. Ausser …… ja, ausser, und hier, hier landet der Nichtvergessende wiederum in seiner Angst, die er sofort wegschiebt mit der Hoffnung, dass er davonkommt. Dass er der ist, der nicht vor seinem Totsein noch jahrelang zu sterben hat. Dass er der ist, an dem sich aller Alten Bitte erfüllt. Der die Ausnahme aller Ausnahmen ist.

Noch einmal an Sie die Frage: Warum altert der Mensch? Biologen erklären es mit der Abnahme der Zellteilung, dem Verlust frischer Zellen, der darauffolgenden unumkehrbaren Alterung aller Zellen, dem unvermeidbaren Zelltod, der irgendwo beginne, einer sehr langsamen Kettenreaktion gleich, die mehr und mehr Organe befalle bis zum Kollaps. Das würde dann in die Kategorie gehören: Tod durch Lebenssattheit. Eine andere Art wäre der schnelle Tod durch den plötzlichen Zusammenbruch eines lebenswichtigen Organs.

Eine nochmals andere Art wäre das ausgedehnte, schmerzhafte Zusammenbrechen als Folge der Verwucherung durch nicht lebensdienliche Schmarotzer-Zellen. Von den variablen Todesmöglichkeiten sind einige Alte unserer Gruppe noch nicht derart bedrängt wie von ihrer Meinung, dass die biologischen Gesetze keine zufriedenstellende Antwort auf die Frage geben: Warum müssen wir sterben? Uns dünkt das Altern und der Tod, oft, vielmal, von Zeit zu Zeit, d i e Katastrophe, d e r Skandal, wie es einmal ein Lebensfreudiger ausdrückte. Wir sagen es milder: eine demütigende Beschämung, eine Verletzung unseres Stolzes. Die darauffolgende Antwort kühler Realisten: Der Tod ist eine segensreiche Einrichtung. Die nicht mehr Lebenstüchtigen müssen den Starken Platz zu machen. Gäbe es ansonsten nicht grausamste Kriege mit Vernichtungsaktionen der Alten? Wieder und wieder würde Jubel ausbrechen auf die Rhetorik: Wollt ihr den totalen Krieg?

Wir beharren darauf: Für den Einzelnen, der nur ein einziges Leben hat, sind unheilbare Krankheit und Tod fatal. Daran ändert nichts, keine Rationalisierung, kein Trostversuch. Auch Sie, den wir immer noch ausdauernd und unentwegt ansprechen, als ob wir darauf programmiert wären, werden uns nie daraus erlösen.

***

Gnaden

Nichtstun, wirklich reines Nichtstun, Ihro Gnaden, fällt uns schwer, schwerer als jedes Säcketragen. Auch Sie, Sie auch, sind endlos tätig – vorausgesetzt, Sie sind existent –, beschäftigt mit dem Erschaffen von Sternen, die vielleicht einmal Erde werden, beschäftigt mit dem Füllen des Weltalls, den Quantensprüngen in der Materie, mit Entwicklungen und Mutationen in den Zellgeweben aller Lebewesen. Jedes Jahr werden von Astrophysikern in unserer Galaxie neugeborene Sterne entdeckt, jeden Tag, jede Nacht erblicken eine uns unbekannte Zahl von Menschen das Licht der Welt, darunter solche, welche diese Welt verändern werden, Genies die einen, Satane die andern. Alle Tage und Nächte entstehen Pflanzen, fliegen und flüchten Jungtiere aus den Nestern. Alle sind ergriffen vom eilenden Fruchtbarkeitsschub rund um die Erde. Mit ihnen rast der Tod, immerzu beschäftigt, das, was entstanden ist, wegzufegen.

Immerzu beschäftigt sind auch wir. Müssen wir es denn sein? Nichts fällt uns schwerer als zufriedenes Nichtbeschäftigtsein, als ein unspürbares Sein im Sein, als schweigendes Nichtstun, ohne das Gefühl, etwas zu verpassen. Über kurz oder lang geraten wir in Unruhe. Die Haut juckt, der Bauch schmerzt, Schweiss bricht aus, wir gleiten in den Sumpf beängstigender Gedanken, noch beängstigenderer Gefühle, in den Wolkenschatten der Sinnlosigkeit, sogar in Verzweiflung. Wir stossen an die Betonmauer menschlichen Ungenügens.

Ausser wir seien durch lange Übung in Stillsitzen und Meditation geübt, die Mühle im Kopf nicht anzuwerfen, aus dem, wie die Meister dieser Übungen meinen, Erkenntnisse entstehen könnten, aus scheinbar Wichtigem wieder Unwichtiges würde. Doch wem gelingt das? Wir suchen irgendwelche Tätigkeiten, auch ungeliebte. Sie lenken uns ab, lassen den ewigen Mangel vergessen. Für kurze Zeit vergessen, dann spüren wir ihn wieder, den Mangel. Die Flucht beginnt von neuem, die Flucht zu andern Menschen, in den Rambazamba der Unterhaltungsindustrie, die Flucht in irgendeine Tätigkeit, und sei es in die der Krankheit, des Schlafs, der Sucht, die Flucht in die Sehnsucht. Mit endloser Unruhe sind wir geschlagen, ausser alle, wirklich alle unsere Bedürfnisse seien gestillt. Falls sie es einmal sein würden, dauerte unsere Ruhe nicht lange. Wir erwachen, sind sofort gezwungen, unser Leben wiederaufzunehmen, zu verdienen mit Beschäftigung, auch sinnloser, auch wenn wir mit goldenstem Löffel gefüttert würden.

Ihro Gnaden, vorausgesetzt, Sie hätten alles – damit nicht nichts sei – erschaffen, es zugleich in endlose Bewegung, zu unaufhörlicher Tätigkeit wie die des Herzschlags, versetzt, von der Wiege bis zu Bahre in Rastlosigkeit gezwungen, damit wir? Was? Könnten Sie das uns, Ihro Gnadenlos, nicht endlich mitteilen. Damit wir was?

* * *

Bergtour

Wann ist ein Mensch definitiv alt? Mit achtzig, neunzig? Diese Frage stellen wir nicht Ihnen, sie ist eine von denen, die bei uns verbleiben. Was heisst alt? Ist der Mensch alt, wenn er alt aussieht? Gehbehindert, hörgeschädigt, sehbehindert ist? Ist er alt, wenn er an altersbedingten Schwächen leidet, an Immundefekten, Diabetes, Obstipation, Arthritis, Rheuma, Angina pectoris, Herzinsuffizienz, Arteriosklerose, Krebs, Neurasthenie, Demenz? Eins aus dem andern, alles aus dem einen. Alter, unerforschbarer Kosmos vergeblicher Kämpfe, vergeblicher Siege. Die einzelne Erscheinung der Alters hat einen medizinischen Namen, zeitbedingt je nach medizinischer Behandlungsmöglichkeit, veränderbar je nach dem Stand der Forschung. Das verhindert nicht, dass der Mensch von einem mysteriösen Zeitpunkt an jeden Tag, jede Stunde altert, als ob er eine Treppe hinunterstiege. Er bleibt auf einem Treppenabsatz stehen, bis er unerbittlich weiter hinabgezogen wird. Oder ist er auf dem Abstieg von einer Bergtour? Nach seiner Geburt zieht es ihn in die Höhe, es treibt ihn auf seine Gipfel, dann muss er unweigerlich wieder hinunter, der zweite Grund für seine Bergtour ist die Rückkehr. Warum sind wir denn erschüttert, wenn jemand nach einer Tour unten angekommen ist, sich noch eine Weile an einem Bettlaken hält, dann für immer verschwindet? Und seine ganze Welt mit ihm? Was sind die Gründe für unser Erschrecken, für die irrationale Angst? Eine kreatürliche

Bangnis, die nicht klar ins Bewusstsein dringt, dumpf im Unbewussten lagert? Gibt es mögliche Erklärungen? Dehnen sich Aufstieg und Abstieg derart langsam aus, geschehen, als geschähen sie nicht, nehmen wir diese Vorgänge nicht wahr, überblicken sie nicht als Einheit. Haben wir kein Gefühl für die Zeit und kein Wissen von ihr? Sind wir fraglos im Irrtum gefangen, dass ein angenehmer Zustand, zum Beispiel die Jugend, ewig dauert? Sind wir derart eingenommen von unserm Lebensdrang, dass er uns zeitlebens unbelehrbar macht für die Tatsache der Entropie, für das Gesetz irreversiblen Ablaufs? Wären wir lebensunfähig, würde das nicht so sein.

Wir sind für die Ewigkeit geboren, so scheint es. Unsre Lieben haben unsterblich zu sein, darunter gehen wir nicht. Jeder Trieb, alle Energie, jeder Wille will die ungeschmälerte Verwirklichung aller vorstellbaren Möglichkeiten, die wir als uns zu Recht zugehörend betrachten.

Was meinen Sie dazu, Sie, den wir gewählt haben, weil wir die Verrückten nach Ewigkeit sind? Was sagen Sie zu unsern Plagen, zu unsern unbrechbaren Hoffnungen? Obwohl es an Sie geht, geht dies nun wirklich nicht ohne Fragezeichen.

* * *

Foto

Wir erzählen Ihnen eine kleine Begebenheit, nehmen an, es sei eine kleine Geschichte, und auch Sie, nicht nur wir, liessen sich gerne unterhalten von dem, was ohne Sprache vergessen bliebe:

Eine Fotografie, möge sie auch manipuliert sein, zieht den Blick an. Jetzt hat das Auge Zeit, und es sieht das, was es in Wirklichkeit nie gibt: den stillstehenden Sprung eines Pferdes und seines Reiters über ein Hindernis – ein Oxer – am Springreiter-Weltcup in Las Vegas, aufgenommen von einer Person, die den richtigen Augenblick erfasst hat. Das Foto vereint rascheste Bewegung mit Erstarrung, wird ein Bild von Reiter und Pferd just in dem Moment, wo über der Stange die hochgerissenen Vorderbeine des Tiers, der bandagierte Vorderfuss, die Fesseln, die Hufe von seiner muskulösen Kraft in den Leib hinein gespannt sind und der geneigte grosse Kopf mitsamt dem weiten Auge zum Reiter hinauf horcht. Die Ohrmuscheln des Tiers sind durch feine Stoffmasken vor Lärm geschützt. Der Reiter hat das straffe Gesicht eines Sportlers, sein leicht schräger kurzer Oberkörper ist harmonischer Teil des Pferderückens, die Zügel sind locker, keineswegs nachlässig gehalten, er scheint in seltsamer Gelassenheit ganz im Tier und ausserhalb von ihm zu sein, wie in erstaunter, doch heimlich gespannter Trance, der Mund ist halb-offen, das Auge blicklos; der Atem hat ausgesetzt. Männlich-fein ist er angezogen, weisses Hemd, weisse Krawatte, Manschette, Reiterhose weiss, im

Weiss der Pferdestirn, die Frackstösse, hochgewirbelt, lassen das weisse Innenfutter sehen, unten ist wie oben, die feinledernen Stiefel haben die Farbe der Reitkappe, der Jacke, der Handschuhe, die Farbe der Stoffmaske, eine eigenartige Farbe, ein Auberginendunkel, das zum Ocker des immer noch im Sprung begriffenen, energisch versammelten Gefährten vorzüglich passt. Wie ein Gemälde von Degas ist das Zeitungsfoto, einem verengten Betrachterauge wird es ein Kandinsky. Im nächsten Bruchteil einer Sekunde ist, wie ein Schuss, der starke Wille des Reiters wieder da, er übernimmt die Lenkung, mit dem kraftgeladenen Leib zwischen seinen Beinen, im gezügelten Galopp, ziehen sie hin zum nächsten Hindernis, und mit der Leichtigkeit eines Gedankens setzt das edle Tier an zum nächsten Sprung. Wieder geschieht das, was von keinem Menschen zu machen ist: der wellende schöne Flug eines Pferdes. Schwerelos, in konzentrierter Eintracht, hat der Mann dem Hengst die Freiheit gelassen zu tun, was seiner Natur gefällt. Reiter und Pferd, durch lange Übung, durch geduldiges Ertragen unvermeidbarer Fehler, erreichen das, was als Geschenk der Götter zu bezeichnen wäre. Doch die geben den Sieg nur für Augenblicke. Am Ende kurzer Zeit sieht der Reiter im Auge des Gerittenen das Unberechenbare.

Nun nehmen wir an, dass auch Sie, Sie, den wir meinen, Freude an diesen Augenblicken haben, den berührenden, die uns ein Geschaffenes als gelungen, zugleich als ein natürliches Geschehnis, vergleichbar einem Sonnenaufgang, empfinden lassen.

***

T-Gruppe

Einige unter uns, wir nennen sie die T-Gruppe, sind übereingekommen, wenn es um den Tod geht, Sie, verehrte Imagination, nicht mehr zu brauchen als Nothilfe, als Prothese, als Krücke. Sie haben ihre Angst vor ihm verloren. Was hat die Todesmutigen so weit gebracht? Möglicherweise die Gewissheit, dass das Beste ihres Lebens unwiderruflich vorbei ist und dass sie sich nicht mit faulem Trost darüber hinwegtrösten wollen. Vielen gelänge solches mit allerlei Tricks, meinen sie, Wellness trotz Muskelschmerz, Tai-Chi trotz Langeweile, Busfahrt, von der sie nachher nicht mehr wissen, wohin sie ging, anödende Massenabfütterung, hektische Suche nach nützenden Schmerzmitteln, nützenden Schlafmitteln. Sie, die T-Gruppe, bedauert diese Verlierer ihres Lebensdranges, die tödlich Gelangweilten, die trostlos Schweratmenden, Schwermütigen, Genug-Geekelten, Überdrüssigen. Erst der Tod, meint die T-Gruppe, gebe dem Leben einen Rahmen, und der Rahmen erst zeige das ganze Bild. Ein Leben ohne Tod wäre höchstmögliche Tortur. Nicht sterben zu können, wäre unvorstellbarste Grausamkeit. Der Tod sei die einzige Gnade, die ihnen erwiesen worden sei. Von wem? Vom Leben selbst. Diese Gnade nähmen sie zur Kenntnis. Eine Gnade, die sie nicht als solche erkennen könnten, sei für sie keine. Um zu dieser Sichtweise heimzukehren, sagen sie, hätten sie Jahre gebraucht, die einen durch die Schmerzen unheilbarer Krankheit, die andern durch jähe Verluste ihrer Lebensinhalte –

zugegeben vermeintliche Inhalte –, wieder andere durch schlichte Lebenssattheit. Wer möge noch an der Tafel sitzen, wenn er mehr als genug habe und keinen, der ihm zuhöre? Wieder andere, das sind die Seltenen, haben seltsame Todessehnsucht, sie freuen sich – eigenartig ist diese Freude –, bis sie endlich erleben, wie dieses Nicht-mehr-Gefürchtete für sie sein wird.

Mit dem Schwinden der Angst vor dem Tod – von der einige Ts einzig fürchten, dass sie im Moment vor dem endgültigen Zusammenbruch des Körpers doch noch zurückkehrt – ist ihnen auch der Wunsch nach einem Leben nach dem Tod entschwunden. Was sollten sie mit einem solchen anfangen? Der Leib ist verbrannt, mit ihm alle Lust, alle Freude, alle Erinnerung, Appetit, Tanz, Sprache, Musik, jede Erkenntnis, kurz: Der ganze Mensch ist dahin. Wenn die Nicht-T-Gruppe diesen Dahingehern nun sagen würde, dass in diesem Moment der klaren Vernunft das Irrationale des Glaubens anzunehmen wäre, des Glaubens an den Beginn eines Unvorstellbaren, ein Sprung ins Absurde zu tun wäre, ein Salto mortale zu wagen wäre, so schütteln die Ts den Kopf und sagen: Nein, wir bleiben lieber die nüchternen Wisser. Die mit der Todessehnsucht sagen: Wir, als schwankende Zweifler, werden uns überraschen lassen, nur schade, dass wir von dieser Überraschung nichts mehr wissen werden. Zeitlebens haben wir Überraschungen geliebt, und weil diese jetzt nicht mehr geschehen, sind wir sehnsüchtig geworden nach dem schönen letzten Niemehr. Nie mehr wird uns dies und das, jenes und solches, manches und vieles schmerzen, nie mehr wird uns dieses Niemehr beschweren. Ausserdem haben wir mehr als genug von einem nie mehr gründlich sich ändernden Leben, und mit gründlich meinen wir von Grund auf. Wir haben es durchgestanden, ertragen, haben es zurückgelassen, sagen sie und lächeln. Lächeln sie glücklich? Warum nicht?, sagen sie. Hat Glück nicht auch ein wenig zu tun mit der Entscheidung eines Willens? Indem wir nicht mehr todesfürchtig sind, sind wir verehrende Bewunderer des Lebens und: wagen es, glücklich zu sein.

***

Isa

Isa, die Gruppen-Schreiberin, taucht, blindwütig, nach Luft schnappend, zerrissen von Sehnsucht nach Unerreichbarem, aus dem Buch «Die Gärten der Finzi-Contini» von Giorgio Bassani auf; was war denn vergangen, nichts war vergangen, alles bleibt, sie bleibt selbst, ist zugleich jede Person des Romans. In einer Buchhandlung hatte sie schnell nach dem Buch «Gärten» gegriffen, blitzschnell überwältigt von Erinnerung an De Sicas Film, keine an den Inhalt dieses Films, es war ein wundervoller Film gewesen, die Gärten, die Gärten der Finzi-Contini; allein der Titel ist Prosa und Lyrik in einem, Herzschmerzlust und Schönheitsschauer in einem. Sie taucht luftschnappend auf, sehnt sich, wieder zu versinken, aufzutauchen, Atem zu holen, zu versinken, atemlos aufzutauchen. Und nichts war und ist als ein leiser Schluchzer aus dem Buch von

Bassani am Grabmal von Guido Finzi-Contini, 1908–1914; sie war und ist bei denen, die, im Rauch verweht, keine Grabmäler haben. Schluchzer ist am Ende jeden Lebens, in dem alles und nichts vorbei ist; es kann gelesen werden, gerochen, gefühlt, gesehen, gedacht, gegangen; gestürzt und gestorben kann werden, und doch ist alles vorbei. Nicht gerochen, nicht gefühlt, gesehen, gedacht, gestürzt und gestorben kann werden, und doch ist nichts vorbei; alles ist und ist nicht. Isa hat zeit ihres Lebens dasselbe gedacht, gefühlt und getan und gleichzeitig nicht dasselbe gefühlt, getan und gedacht; das Muster dahinter bleibt dasselbe. Sie hat geliebt und nicht geliebt, sie hat geglaubt und nicht geglaubt, aus dieser Polarität kann niemand und nichts sie herausholen; eins bedingt die Existenz der anderen. Isa erschafft den Unbekannten; wenn sie will, will sie nicht, und Er erschafft sie, ob sie will oder nicht; sie kann nicht ohne den Unbekannten sein, und Er kann nicht ohne sie sein. In dieser Polarität darf sie weder Zwang auf sich noch auf Ihn ausüben, muss alles geschehen lassen, den Gegensätzen folgen; aber das scheint das Schwierigste zu sein; ein Gegensatz ist nie lange in der Schwebe zu halten, immer wieder stürzt ein Pol ab. Da, bei ihr, bleibt nur ein Schluchzer, dort, nicht bei ihr, bleibt die ganze Erde, der ganze Himmel; da ist das Eine, dort das Andere. Selten, höchst selten, kurz, sehr kurz, doch manchmal sind beisammen beide Pole, je nach Betrachtung des Bildes, der Gunst der Stunde, nach unerbittbarer Gnade, sind beide Pole, das Ganze und der Schluchzer, beisammen.

* * *

Knüppel

Wenn Sie, allen Gegenbeweisen entgegen, irgendwo sind, in den Sphären des Geistes, hoch über den Naturgesetzen, zugleich als Allmächtiger, Alleserschaffender da sind, sind Sie, nebst anderem und aus einer gewissen menschlichen Sichtweise heraus gesehen – wir haben keine andere –, ein grenzenlos unbarmherziger Quäler, ein uns ans Kreuz Schlagender. Geben Sie nicht für alles Leid auf dieser Welt den Menschen die Schuld, verstecken Sie sich nicht hinter einem schon längst Verstorbenen, der von einer Religion als Ihr Sohn, als Opfer für die Sünden der Menschen, deklariert worden ist. Wir, die gegenwärtig Lebenden, ziehen Sie vor einen Richterstuhl, obwohl er nur ein menschlicher ist, und klagen Sie an. Wir denken dabei nicht an unsere eigenen Schmerzen, die nicht zu vergleichen sind mit jenen früherer Zeiten, wir denken an die unvergleichlichen Schmerzen derer, welche die unzähligen Abteilungen früherer Siechenhäuser füllten, denken an jene unstillbaren, durch keine Medikamente zu dämmenden Schmerzen, die bohrenden, brennenden, beissenden, zermalmenden entzündeter Gelenke, zerfallender Wirbelsäulen und Knochen, durch die lange Menschheitsgeschichte ohne Gegenmittel oder Anästhesien, an die Erblindeten denken wir, denken an die Schmerzen medizinischer Behandlungen, euphemistisch Therapien genannt, an die Nebenwirkungen sogenannter Heilmittel, an die Folteropfer denken wir, an die langsam Erstickenden, Zerfetzten unter Erdbebentrümmern, an die langsam Verhungernden. Wir denken an die Qualen der Kriegsverwundeten, auch der früheren, ohne Sedierung, ohne Narkotisierung, gefesselt unter Messern und Sägen der Operateure. Und die seelischen Schmerzen all der Leidenden sind noch nicht erwähnt, sie sind nicht aufzuzählen, die seelischen Qualen der gar nicht mehr und immer noch auf Heilung Hoffenden. Ein Pfeifen, ein Hohnlachen für die Schönredner, welche meinen, durch Schmerz werde der Mensch – wie sagen sie es? – geläutert, werde belohnt durch neue Erkenntnisse, belohnt durch ein «Leben im Angesichte Gottes». Welch ein empörender Unsinn, erfunden von denen, die nicht wissen können, was Schmerz ist. Nein, nochmals nein! Schmerz ist das Feuer, welches jedes Vertrauen auf Sie verbrennt, den Glauben an Sie, möge er noch so untilgbar scheinen, einäschert. Schmerz ist das, was den Körper und mit ihm die ganze Welt zur Hölle macht. Der Knüppel, der die Lebensfreude erschlägt. Die schaurige Vernichtung des Liebenswerten, der Schönheit, der Hoffnung. Schmerz zwingt in das einzig von Qual erfüllte Nichts. Nur die Gewissheit, dass er einmal im Tod enden wird, Tod Erlösung bedeutet, gibt seinen Opfern die Tapferkeit, nicht auf der Stelle ihr Leben wegzuwerfen. Kein Wegwurf geschähe ohne Abschiedsschmerz. Die Tatsache all der Qualen, welche den Menschen, gleich welchen Alters, seit Anbeginn der Welt erleiden – im vollen Besitz ihres Bewusstseins, ihrer Sensibilität und im Stadium des Verlusts ihres Bewusstseins –, die Tatsache all der Schmerzen, welche den Menschen entweder erwarten oder ihn schon überwältigt, in Besitz genommen haben, ist auch der Knüppel, der Sie schlagen soll. Fahren Sie in den Orkus zu Ihrem Geschöpf, dem Teufel, aber lassen Sie sich nicht «der Allmächtige», «Die Summe des Guten» nennen, lassen Sie nicht allein den Menschensohn, die Menschentochter leiden, steigen Sie herab, und erleiden S i e – obwohl es für Sie wahrscheinlich keine Zeit gibt – nur für eine kleine Weile die Leiden der Menschen. Ob Sie das tun oder nicht tun, wäre nicht zu verifizieren, also lassen wir das beiseite. Verstehen Sie jedoch, dass Sie uns, in gewissen Zeiten und aus einer gewissen Sichtweise heraus, ein Objekt des Abscheus werden.

* * *

Glück

Wir haften an dem, wovon wir meinen, es sei dauerhaft gegenwärtig. Vorbei ist es, mitgerissen von der Sturzflut der Veränderungen. Von denen wir nichts wissen, nichts wissen wollen. Nichts wissen, bis ein äusseres Ereignis oder unser Körper das Veränderte zeigt, grausam, unmissverständlich. Wir klemmen die Augen zu, das Gezeigte bleibt gezeigt, und die blinden Jahre sind endgültig vorbei. Mühsam begreifbar ist: Wir hatten und haben keinerlei Anrecht auf Glück. Wäre Glück kein seltener Ausnahmezustand, wenn wir dafür nicht stumpf geworden wären? Für das Glück des Wohlbefindens, der Schmerzlosigkeit, das Glück der körperlichen und geistigen Beweglichkeit, für das Glück guten Schlafes, das der Träume, für das Glück der Hoffnung, gelingender Arbeit, für das elementare einfache Glück des Daseins verlieren wir im Allgemeinen jede Empfindung. Ausser wir hätten es verloren, für eine schmerzhafte Weile oder sogar für immer. Ein Gewohntes, nie Zerbrochenes, ergibt im Gehirn keinen Reiz.

Nicht sehr begabt sind wir für das Glück. Selbst wenn es da ist, ist es wie nicht da. Im Verlust erst blicken wir ihm nach und ersehnen ebenso schmerzlich seine Rückkehr. Rückkehr von was? Rückkehr des Ganzen, des ganzen ungebrochenen Lebens, Rückkehr aller Möglichkeiten, Rückkehr der Geburt? Die Geburt vereint mit dem Schicksal. Schicksal ist Einschränkung. Die Schranke erst ergibt das Thema unseres Lebens. Wir sind Verrückte, nie zufrieden, nie ganz heiter, verzehren uns in Ängsten vor Verlusten oder in Reue über nicht Ausgelebtes. Wem wäre es gelungen, sein Herz und Hirn vollständig ausgeschöpft zu haben? Ein Teil der Erde bleibt immer im Dunkel. Und wir wollten doch die ganze Erde, den ganzen Himmel.

Und Sie? Was geht Sie das an? Sind wir nicht der kleinste Teil aller Lebewesen im Universum? Der Mensch als Teil der Gattung Tier? Geboren, gestorben in ewiger Vergänglichkeit.

Wenn wir verzweifelt sind, empfinden wir die Vergänglichkeit als Glück.

***

Nicht zu retten?

Einige aus unserer Gruppe, wir wissen nicht, wie viele, sind aus der katholischen Kirche ausgetreten – aus Gründen, die nur ihnen bekannt sind. Sie reichen von der Weigerung, Steuern an eine Institution zu zahlen, die man nicht mehr braucht, bis zu all den Unverstehbarkeiten und Zweifeln an den verkündeten Dogmen: Trinität, Jungfrauengeburt, Sohn Gottes als Gott und Mensch, leibliche Auferstehung Christi, leibliche Aufnahme Marias in den Himmel, Auferstehung der Toten, das letzte Gericht und das ewige Leben in der künftigen Welt, das Dogma von der Unfehlbarkeit des Papstes, sobald er ex cathedra spricht. Andere Gründe des Austritts mögen das reale Leben der Priester und Würdenträger der Kirche sein, ein Leben, das offensichtlich nicht evangelienkonform oder kirchengesetzlich ist. Allgemein gesagt: Es ist der unauflösliche Gegensatz zwischen Idee und Unsichtbarem einerseits, zwischen der Verwirklichung der Idee in der Realität, in der Materie andererseits.

Nun geschieht etwas Seltsames. In der Gruppe der Ausgetretenen stimmen einige überein, dass das Katholischsein in Kindheit und Jugend, vor allem wenn es zwischen den Dreissiger- und Fünfzigerjahren letzten Jahrhunderts und in ländlichen Gebieten geschah, als eine Art von frühester Prägung wirkt, vergleichbar der Prägung schlüpfender Gänse auf das erste Objekt, das sie erblicken. Kurz: Einmal katholisch, immer katholisch. So beobachten einige Ausgetretene, in Heimlichkeit und ohne sich bemerkbar zu machen, die Veränderungen, denen auch die traditionellste Institution der Welt nicht entgehen kann. Sie hören die zornigen Vorwürfe, die man der Kirche macht, hören die Vorschläge, die Wohlmeinende zuerst einmal an die Bischöfe zu richten pflegen: Erlaubnis zur Schwangerschaftsverhütung und Abtreibung, Anerkennung der Homosexualität, Ehescheidung von kirchlich Getrauten, Aufhebung des Zölibats, Zulassung von Frauen zum Priesteramt. Obwohl sie, die Ausgetretenen, die innerkirchlichen und ausserkirchlichen Zwiste mit kühlem Kopf zur Kenntnis nehmen, brennt einigen das Herz in einem seltsamen Feuer und einer noch merkwürdigeren Hoffnung: Die Kirche möge nicht wanken, sie möge, um Himmels willen, bleiben, wie sie war, und an ihren alten Glaubensinhalten festhalten. Denn wenn sie nachgäbe und nur etwas aus ihrem Denkgebäude einer absolut magischen Ideenwelt, die sehr wenig mit der banalen, langweiligen Realität zu tun haben kann, wenn sie nur etwas herausbräche und der Moderne anpasste, dieser sinnentleerten, grausamen Moderne, die scheinbar aufräumen will mit diesem alten Plunder, welcher einst die Seelen der Gläubigen erwärmte, auch seltsam tröstete, wenn die Kirche nachgäbe, sich der Moderne unterordnete, die es vorzieht, das Unsichtbare, das Unlogische, die ewigen Sehnsüchte des Menschen nicht zu berücksichtigen, die es vorzieht, den Menschen seiner ganzen Trostlosigkeit zu überlassen, seinen Scheinbefriedigungen, seiner Nichtigkeit und Verwesung – so würde sie, die Kirche, aus der sie ausgetreten sind, der sie aber immer noch in einer eigentümlichen fernen Weise anhangen –, mit der milden Liebe der Alten zu ihrer

Kindheit, so würde sie, die Kirche, zu bröckeln beginnen, zusammenstürzen wie ein ausgehöhltes Gebäude. Ausserdem wäre ja bei Nichteinhaltung der Gebote, vor allem die der rigorosen Sexualmoral, die Beichte da, als die Lossprechung von allen Sünden. Mater ecclesia, die mütterlich verzeihende Kirche.

Falls Christus nicht vom Heiligen Geist gezeugt und aus einer Jungfrau geboren wäre, wie würde dann theologisch und sinnlich begründbar sein, dass er der Sohn Gottes ist, darum von den Toten auferstanden ist, darum der Garant ewigen Lebens ist? Es gibt Symbole, die sterben, sobald sie unter das Messer der Vernunft geraten. Würde sie die Abtreibung gestatten, wo bliebe, nach kirchlicher Gesamtsicht, die Heiligkeit des Lebens, der Glaube, dass jeder Mensch bei der Zeugung von Gott beseelt wird und damit ein Kind Gottes ist? Wenn sie Frauen zu Priestern weihte, würde, in ihrer Gesamtsicht, die Symbolkraft der Geschlechter verwischt. In ihrer Ewigkeitsanschauung hängt alles zusammen. Auch in der religionslosen Weltanschauung hängt alles mit allem zusammen: die Geburt mit dem Tod, Bakterien haben ein Gedächtnis, Gene kommunizieren mit andern Genen.

Ein Sturz aus der alten kirchlichen Ganzheit würde den Ausgetretenen – welche die Kirche immer noch, trotz der Erbärmlichkeit ihrer Mitglieder, ihrer Heuchelei, ihrer Lügen – wer verlangt denn von schwachen Menschen, dass sie nicht wie Sünder leben – jedoch auch wegen ihrer wunderbaren Kirchenmusik, den Messen, Kantaten, Oratorien, komponiert von unsterblichen Genies der Menschheit – immer noch lieben mit der Beharrlichkeit jeder verrückten, weil unerklärlichen

Liebe – ein Sturz aus der alten Ganzheit würde den Ausgetretenen erscheinen, als sei ihnen ein Weltuntergang geschehen. Gleichzeitig wissen diese Fürchter eines vorzeitigen Weltuntergangs, dass es unter Menschen eine letzte Wahrheit nicht geben kann. So muss doch die eine, heilige, katholische und apostolische Kirche – wie sie selbst felsenfest glaubt – in ihrer nicht menschengemachten Wahrheit ausharren. Für die Ausgetretenen bietet sich somit ein vielfältiges Bild der Kirche: Von vielen verlassen, von vielen bespöttelt, von vielen nicht ernst genommen, von einigen echt Liebenden geliebt, von anderen verehrt als Relikt einer nicht mehr zu rettenden Kultur. Die einst, wer weiss, wieder auferstehen wird, als lichtdurchbraustes Zeugnis unglaublicher Unsterblichkeit?

* * *

Lebenslänglich

Was das Christentum als Religion durch die Jahrhunderte an Grausamkeiten veranstaltet hat, das können Sie, den wir immer noch anzusprechen versuchen, nicht gemeint haben. Oder doch? Verfolgung Ungläubiger oder Andersgläubiger, Inquisition, Hexenverbrennung, und selbst als sich diese Religion gespalten hatte in Katholische und Reformierte, dauerte der Terror weiter in Religionskriegen, mit Calvins irrsinniger Prädestinationslehre, das Schicksal des Menschen sei von Gott vorherbestimmt, doch niemand wisse, ob er zu den Geretteten oder zu den Verdammten gehöre, die Pflicht aller Menschen aber, ungeachtet ihrer Vorbestimmung, sei es, zur Verherrlichung Gottes zu leben. Gott als der mächtigste und grausamste Terrorist. Jahrhunderte dauernde körperliche und seelische Qualen, von Menschen verursacht, die sich anmassten, in Ihrem Namen zu handeln, vor allem zu wissen, was Ihr Wille sei, was Sie von den Menschen forderten, um die ewige Seligkeit zu verdienen (bei den Katholiken) oder Ihre Gnade zu erlangen (bei den Reformierten).

Für den Menschen des 3. Jahrtausends, der nicht geneigt ist, den Menschen als Ihre Erschaffung zu denken, und der gleichzeitig von der schlimmen Vergangenheit christlicher Religion erschüttert ist, scheint es eine Richtigkeit zu haben, Sie, den wir immer noch anzusprechen versuchen, als Erfindung der Urmenschen-Horden zu denken. Die, möglicherweise von einer allmählichen, nicht zu tötenden Sehnsucht getrieben – deren Ursachen verschiedenste barbarische Erfahrungen sein konnten und das Gehirn langzeitlich veränderten –, von urmächtiger Sehnsucht getrieben, nach etwas Besserem suchten als einem Ende im Nichts der Verwesung. Und diese Erfindung von Göttern, als Herrscher unverständlicher Naturgewalten, wurde durch die Jahrtausende menschlicher Entwicklung immer mehr verfeinert, kultiviert, diversifiziert, vor allem perpetuiert, wurde verwandelt zum Monotheismus, zu einem Gott, der sogar Mensch wurde und damit die Erhöhung des Menschen in die hohen Gebilde des Geistes bewirkte: zuerst mit den Philosophien der

Kirchenlehrer, in Kirchenmusik, Architektur, Malerei, Theologie. Geschah im Mittelalter die mächtigste Verfestigung des Christentums und bedeutete das für das einfache Volk, des Lesens nicht mächtig, die einzige Unterhaltung und die Quelle des Trostes auf ein besseres Jenseits? Mit Forschung, Technik, Wissenschaft begann in der Neuzeit eine tiefe Umgestaltung der Denkweisen, und heute ist es ein Forschungsziel von Molekularbiologen, den unvermeidlichen Tod der Gattung Mensch um viele Jahre hinauszuzögern.

Ist die Kehrseite sogenannter Fortschritte ein Verlust früherer Vorteile? Bleibt die Summe der Entbehrungen konstant? Die Fragen bleiben: Woher die Sehnsucht nach endgültiger Erlösung? Woher diese gewaltige unaufhörliche Energie des Lebendigen? Woher die sprühende Kraft des Frühlings. Die Kraft von Sonne, Erde, Luft, Wasser. Aus Erde das Feuer, vom Himmel das Feuer. Die Quelle, der Strom, das Meer. Das Licht, die Freude, der Heilige Geist.

Gibt es ein anderes Wort für Geist? Aber sprich nur ein Wort, so wird meine Seele gesund. Das war das Kommuniongebet des Kindes. Sagte es, brauchte es nicht zu verstehen, sagte es.

***

Einmal

Wo sind die Jahre hin?, sagen alle, sobald sie vom Alter erreicht werden. Mögen die Lebensläufe noch so unterschiedlich gewesen sein, verschieden wie Jahreszeiten, verschieden wie jeder vom andern, alle sagen es. Es muss etwas in uns, ausserhalb uns sein, was uns nie eine Art von Ewigkeit vermittelt, was uns nie zufrieden stellt, was uns nie erlaubt, wirklich alles zu bekommen, in jedwelcher Hinsicht für immer gestillt zu sein. Was ist es, das uns hindert, die Früchte unserer Taten voll zu geniessen, damit wir im Bewusstsein vollen Genusses in Schönheit dem Leben entsagen können. Ist es die physiologische Gefängnismauer, hinter der wir zeitlebens verbleiben? Wenn der Hunger gestillt ist, ergibt ein Weiterfahren im Erfreulichen der Nahrungsaufnahme keine Vermehrung der Lust, bloss noch Übelkeit. Ist es die rasende Vergänglichkeit jeden Glücks? Wohin sind denn meine Jahre?, fragen alle Bejahrten melancholisch, haben die erschreckende Empfindung, eben erst das Leben begonnen, noch gar nichts Dauerndes zustande gebracht zu haben, mit dem Wissen sterben zu müssen, dass, was ihren Händen entgleitet, Staub ist, Staub war. Das Leben eine Illusion, eine virtuelle Täuschung, eine Aufgabe, die nie zu lösen war? Kaum der Rede wert?

Das Diktum vom lebenssatten Sterben ist eine Schönrederei, die einem unbeteiligten Zuschauer des Dramas von den Lippen fliesst, nie dem Sterbenden selbst. Wen die Götter lieben, den lassen sie früh sterben. Ist das triumphale Lebensgefühl nur in der Jugend möglich? In späteren Jahren, von der Schalheit des Gewohnten erstickt, in unweigerlichen Enttäuschungen vernichtet, für immer unerreichbar?

Sei es, wie es sei, wie es war, genau von diesem Leben verlassen zu werden, ist das Ärgste. Für gewisse Irrsinnige auch eine Hoffnung.

* * *

Tristesse

Nachdem wir, die Mitglieder der Gruppe, vieles, nicht alles, durchgelebt haben, die Liebe, die Lust, den Verlust, den Erfolg, den Misserfolg, den Hass, die Enttäuschung, die Freundschaft, die Freude, den Zerfall, den Abschied, die Einsamkeit, die Krankheit, Behinderung und Heilung, nachdem wir die Lust, die der Auferstehung und auch die der Vergänglichkeit, durchgelebt haben, wir uns wie angekommen fühlen, wie am Ende, das einst das selige genannt wurde, angekommen fühlen wie in einer anderen Welt, am Ende vor dem Ende, fühlen wir, nebst allem Übrigen, unsere stete Begleiterin Melancholie, die Tristesse des Nie-angekommen-Seins, denn die Lust aller Lüste, die Erkenntnis, die uns wirklich ohne Irrtum erkennen hätte lassen können, der Erfolg jenseits aller Erfolge, die Freude der Freuden, wurde uns nie zuteil. Zuteil, welch verräterisches

Wort, nur ein Teil, nie das Ganze ist unsere Unveränderlichkeit, und hätten wir uns auch bis zum letzten hechelnden Atem erschöpft und würden uns auch weiterhin bis ins letzte Hirnareal durcharbeiten. Das, was immer war, ist und bleibt: ein aus der Täuschung entlassenes Herz, der langsame Tod.

Und noch etwas: Sie, den wir, ob wir wollten oder nicht, bewusst oder unbewusst, solange wir atmen, gedacht haben, gesucht, doch nie gefunden haben, beweiskräftig gefunden, alles Finden scheinbar geblieben, Sie, gegen den wir wüteten, zweifelten, unter Masken und Verkleidungen verzweifelten, Sie, gegen den und für den seit Menschgedenken riesige Denkgebäude gebaut worden waren und noch werden, mit Feuerschein, Laser, Elektronenmikroskop, Teilchenbeschleuniger, mit Höhlengeflacker, Tänzen, Musik, Philosophien und Hypothesen – jede Kunst ein Schattenspiel –, Sie, für den oder gegen den jeder mögliche Missbrauch, jeder Irrsinn, jede Grausamkeit geschehen konnte und geschieht, Sie, der sich jedem Menschenversuch einer Annäherung, und sei es der persönlichste, widersetzen, als flöhen Sie bis ans Ende aller Zeit von den Geschöpfen dieser Erden weg zu anderen Big Bangs, von denen wir nie, bis zum Ende unserer Zeit, nie wissen werden, Sie sind die Ursache unserer Klagen, unserer Unruhe, aber auch unserer geliebten Clownerien. Uns dünkt, wenn wir gelacht haben, dass wir alsogleich aus dem Lachen herausfallen, Sie spielen mit allen abgründigen Gegensätzen, mit dem Aufbau und der Zertrümmerung jeden Glaubens an das erkennbar Wahre. Sind Sie die unsterbliche Fiktion? Eine unverstehbare Weltenmaschine? Ein unverzichtbares Perpetuum mobile? Es gibt seit langem die Idee bei uns, sich nicht mehr mit Ihnen zu beschäftigen, es gäbe genug andere Sinnlosigkeiten für Beschäftigungshungrige. Es gibt aber auch die Polarität von Ja und Nein und das merkwürdige Ineinanderfallen der Pole. Und wir bemerken, wir stumpfsinnigen Verwalter unserer Sucht, dass wir uns, so leid es uns tut, dauernd wiederholen.

* * *

Lebenslauf

Eine Geschichte, eine, muss Ihnen erzählt sein. Sie, als ewiger Geschichtenschreiber, mögen Geschichten, ist die Geschichte der Menschen Ihre Unterhaltung? Der Mensch ist, soweit wir wissen, das einzige Wesen in Ihrer gigantischen Galaxien-Schöpfung, das ein Bewusstsein hat, wenn auch nur ein schwaches, ein dem Irrtum zugeneigtes, manchmal unentwickeltes, in jedem Fall verderbliches. Er ist das einzige Wesen, von denen sich einige um Ihre, ja, Ihre Existenz wenn nicht Sorgen, so doch Gedanken machen, das einzige Wesen, das nicht aufhört, den Sinn des Lebens zu suchen, auch dann, wenn ihm nicht mehr bewusst ist, dass es sucht, sucht es, sucht möglicherweise am falschen Ort, unbewusst hört sein Suchen erst im Tod auf.

Die Geschichte ist uralt. In immer neuen Fassungen tritt sie auf. Immer meinen die Betroffenen, sie ereigne sich zum ersten Mal, und erliegen dem Drang nach Erläuterungen, Erklärungen. Theorien stellen sich ein, die sich im Laufe der Jahrhunderte ändern, geändert haben, wie sich die Wissenschaften, die Ansichten, die Glaubensrichtungen, die Meinungen, die Erkenntnisse ändern. Es sind hilflose Versuche, sich der sich ewig entziehenden Wahrheit zu nähern, mehr noch, sie in den Griff zu bekommen. Sind Sie es, die uns zu diesen Torheiten verdammt haben? Ist Torheit der Motor der Geschichte, die Triebkraft der «ewigen Wiederkehr». Damit die Mühle sich weiterdrehe, knarrend drehe, und unten kommt der zermahlene Mensch heraus. Oben geschieht weiterhin der Tanz des Lebens, die Narrenkappe der Illusionen wird getragen, sie paaren sich, schuften, häufen Geld, bauen Häuser, schmücken sich, drehen sich im Walzertakt. Jugendlicher Eifer wandelt sich in zufriedene Gewohnheit, und dann geschieht es: Das Gleiten auf der Rutschbahn, der Fall in den Trichter. Einigen der Tanzenden ist ein mildes Schicksal vergönnt, der Zufall führt sie vom Absturz weg, ohne dass sie bemerken, wie verschont sie sind, erreichen sie das Alter des Genugs, *ils mourissent sans écratinure*, in den Armen der Familie.

Zur Sache!, sagen Sie. Wir meinen jetzt die Leser, die uns gefolgt sind, woran wir zweifeln, denn niemand mag zu oft Gelesenes. Wo beginnt die Geschichte, wo denn? In Urzeiten? In der Antike, im Mittelalter? In der Postmoderne, der Zukunft? Als Sie, wie die Genesis meint, Mann und Frau schufen, die Frau aus der Rippe des Mannes? Wir sind jetzt in der Zukunft, alte Regeln gelten nicht mehr, werfen unsere Leser ein. Richtig, sagen wir, erstaunlich ist nur, wie alte, scheinbar überholte Verhaltensweisen nicht auszurotten sind. Ist die Psyche des Menschen erzkonservativ? Zur Sache! Also beginnen wir irgendwo. Da lebt in der von Kriegswirren verschonten Schweiz irgendwo ein junges Mädchen, das, es weiss nicht, wie ihm geschieht, seine grosse Liebe trifft, den Mann ihres Lebens. Kindergärtnerin ist sie geworden, geht direkt aus dem Kindergarten an den Traualtar, bekommt, wie es Regel ist, in gemässen Abständen zwei Knaben, einer ansehnlich wie der andere, über alles Mittelmass gescheit. Dazu reiht sich, nach ein paar Jahren, das gewünschte Mädchen, aussergewöhnlich hübsch. Der jungen Frau erlaubt ein sanftes Schicksal, in ungetrübter Wonne ihren privaten Kindergarten weiterzupflegen. Die Liebe ihres Lebens erweist sich als erstaunlich resistent gegen Zerfallserscheinungen. Er wird ein sehr beschäftigter Mann, ein guter Kletterer in den steilen Felsen des Unternehmertums, auf dem Top angekommen, stürzt er nicht ab, wie einige vor ihm, anhaltender Erfolg bekränzt sein Haupt. Wie wohl ihr ist! Muss sich um nichts kümmern, was ihr ungewohnt beschwerlich werden könnte, weder um Gelderwerb noch Wohnort, noch um die Wahl des Grundstücks für die Villa, nicht um den Bau des Hauses, um die Wahl des Gärtners, nicht um die Vorgehensweise bei der Bezahlung einer Rechnung, das Ausfüllen von Steuerformularen und derlei langweiligen Alltagskram, den seine Sekretärin und bei komplizierter gewordenen Verhältnissen sein Vermögensverwalter perfekt erledigen. Sie weiss nicht, wie ihr geschieht, aus den Kindern sind junge Menschen geworden, haben sie nicht mehr nötig, nicht einmal mehr ihre Kochkunst, schon lange nicht mehr ihre dringlichen Ermahnungen, die manchmal Anlass zu Disputen gaben. Er, der unvermindert Herrlichste von allen, organisiert wie gewohnt, obwohl er viel im Ausland ist, gemeinsame Freizeiten, leitet Gespräche, Diskussionen über Politik, Wissenschaft, Studienrichtung, Wahl der Universität, gibt Lob und Preis nach erfolgreichen Abschlüssen. Sie beschäftigt sich neben der Haushaltung mit den nicht zu umgehenden freundlichen Einladungen und mit Patchwork-Arbeiten. Während seiner Abwesenheiten lädt sie an Wochenenden, sofern sie die Einladung annehmen, die Freunde und Freundinnen der drei jungen Erwachsenen ein. In deren Hochzeitspläne mischt er sich nicht ein, er ist von einem Riesenprojekt in Amerika in Beschlag genommen, zur Trauung der Tochter fliegt er von Kapstadt nach Hause. Sie wird, mit fortlaufenden Jahren, neunfache Grossmutter, erlebt bei Aufenthalten bei ihrer gebärfreudigen Tochter von neuem Kindergärten, Kinderwelten. Sie begleitet ihren Mann nach seiner Pensionierung auf seinen Reisen. Es sind seine, nicht ihre Reisen.

Siebzig geworden, sie ist fünfundsechzig, eröffnet er ihr, dass er sich trennen wolle. Er habe sich verliebt, und bevor es zu spät sei, wolle er diese Liebe leben. Obwohl sie, nicht nur buchstäblich, aus allen Wolken fällt, weiss sie sofort, wer die Frau ist. Es ist die weit jüngere Skikameradin, mit der er beim letzten Aufenthalt in ihrem Ferienhaus in St. Moritz bis in die Nacht hinein auf den Pisten bleibt und nicht, erschöpft wie sie, schon um vier wieder zurück ist. Am Abend seines Bekenntnisses packt er, das erste Mal, selbst seinen Koffer. Am selben Abend fährt er weg mit den Worten: Es ist sinnlos, dass ich bleibe, du verstehst es nicht.

Finanziell hast du nichts zu befürchten. Du wirst von mir hören.

Nun ergibt sich eine grosse Lücke in dieser bruchstückhaften Geschichte. In die Tiefen eines zerstörten Menschen hinabzusteigen, ist uns nicht gegeben. Diesem unerzählbaren Abend, der endlosen Nacht, unerzählbaren weiteren Nächten, ihr Körper, ihr Hirn, ihre Seele, unsichtbar geschädigt, ihre Knochen mit nichtmedizinischem Bohrschmerz durchlöchert, versucht sie fünf Jahre lang klaglos zu widerstehen, es stumm zu ertragen. An einem Karfreitag, niemand weiss die Uhrzeit, nachdem sie die Adressen ihrer Kinder, ihres Mannes auf den Tisch gelegt, geschrieben hat, dass es ihr nicht möglich sei, im Alter allein zu leben, später irgendwem zur Last zu fallen, geht sie in die Waschküche, steigt auf einen Stuhl, knüpft ein Seil um ein Rohr, stösst den Stuhl weg, erhängt sich. Sie wird von zwei Nachbarinnen, denen aufgefallen ist, dass kein Licht im Haus brennt, obwohl ihnen von ihr erzählt worden war, sie verreise nicht über Ostern, sechs Tage später gefunden, gekleidet in Spitzennachthemd und schwarze Strapse, von langhaariger blonder Perücke und Grausigerem beinahe unkenntlich gemacht.

***

Kern

Was haben wir mit Ihnen zu schaffen? Was gehen Sie uns an? Haben wir je in Zeiten der Not Hilfe von Ihnen erfahren? Es waren stets Menschen, die uns halfen, immer unsere eigenen Kräfte. Es kann eingewendet werden, dass die eigenen Kräfte die ureigensten göttlichen Kräfte seien, denn da alles Lebendige von Ihnen komme, seien Sie auch die Quelle unserer seelischen Energie. Das kann weder bewiesen noch nicht bewiesen werden, bleibt folglich unentschieden. Was gehen Sie uns an? Sie sind weder unser Vater, noch sind Sie allmächtig. Das patriarchalische Vaterbild ist ein für allemal zerstört, die Fetzen liegen auf dem Müll, Ihre sogenannte Allmacht ist wirkungslos, sie wurde durch die Macht der Mächtigen dieser Erde endgültig abgelöst. Sie sind nicht gütig, Sie sind grausam, alle menschliche Grausamkeit ist nur ein Abziehbild Ihrer originalen Grausamkeit. Wir zählen jetzt nicht auf, was Menschen Menschen antun, wir reden nur von dem, was das Altwerden uns antun kann: schmerzende Krankheiten, Lähmungen, vielfältige Zerstörungen des Leibes, Zerstörungen des Hirns, Verblödung, Verlust der Sprache, Verlust der Beweglichkeit, der Freiheit, Verlust all dessen, was das Leben lebenswert macht, und das jahrelang. Wir vergessen nicht, dass Sie es sein sollen, der das Leben erschaffen habe, folglich sind Sie der Erschaffer all der erwähnten und noch anderer Foltermethoden.

Wenn wir alte Bilder von Ihnen in den Kirchen dieser Welt betrachten, sind Sie zu einem nutzlosen, machtlosen Greis degeneriert, der unaufhörlich am Sterben ist, aber nicht sterben kann, weil die Menschen ihn nicht sterben lassen. Sie brauchen ihn, und ihr Brauchen wird zum Missbrauchen. Er dient ihren erbärmlichen Zwecken, Kriegen und Lügen, ihrer Herrschsucht, ihrem Machterhalt, ihrer Feigheit.

Hat der Glaube an Sie der Menschheit mehr Nutzen oder mehr Schaden gebracht? Die Religionsgeschichte, die Kriegsgeschichte, die Rechts- und Gesetzesgeschichte, die Geschichte der Irrtümer, wohin zeigen sie? Der Hinweis auf die Freiheit, die Sie dem Menschen, ungeachtet aller Verluste, verliehen hätten, um ihn zu seinen höchsten Entwicklungen fähig zu machen, diesen Einwand kennen wir. Aber die Kollateralschäden? Und wer waren die Väter der Atombombe? Ehrenhafte hochkarätige Wissenschafter, welche die Welt vor der Tyrannei retten wollten?

Treten Sie ab! Auch für die Generationen, für die Sie noch nicht abgetreten sind. Sofort erheben sich noch quälendere, fürchterliche Fragen. Würde, nach Ihrem letzten, definitiven Tod, der Mensch, der dazu fähig wäre und die Kräfte hätte, besser, edler, klüger werden? Selbstverantwortlich, selbstachtend und damit andere achtend? Nicht dem Machttrieb unterliegend? Nicht der Macht des Bösen? Wir fürchten, dass ihm das nur in seltensten Einzelexemplaren gelänge, dass er, in anderen Fällen, in Gefahr wäre, vollständig zu degenieren, unrettbar einer weit grausameren, absoluteren Herrschaft zu verfallen, allgemeinem fürchterlichstem Barbarentum. Wir fürchten, dass wir uns Ihrer nie entledigen dürfen. Sind Sie die *Conditio sine qua non* unserer Seinsweise, die notwendige Bedingung, ohne die etwas anderes nicht eintreten kann? Sind Sie in unseren Genen, in der Hirnstruktur, in unserer Sterblichkeit? Sind Sie überall, wo wir sind und nicht sind?

* * *

Der Beweis

Nun haben die Verzweifelten keine Nischen mehr, in die sie sich verkriechen, keine Zuflucht, zu der sie hätten flüchten können. Um sich zu retten vor dem Beweis, den sie fürchteten. Nun haben sie nichts mehr zu bügeln, alles ist gebügelt, nichts mehr einzukaufen, das Benötigte liegt im Kühlschrank, in Küchenkästen haben sie nichts mehr zu putzen, die Wohnung ist staubgesaugt, abgestaubt, die Steinböden sind aufgewischt, der Küchenboden gefegt, die Fenster gereinigt, nun gibt es nichts mehr zu tun, zu suchen, nichts mehr zu schreiben, nichts mehr zu sagen, zu lügen, vorzuspiegeln, nun könnten sie sich der Seele zuwenden; die Seele ist irgendwie, irgendwann verloren gegangen, nun könnten sie sich um die Erhaltung des Geistes kümmern, der ist Kummer gewohnt, hält sich an keine Erziehung, schläft tagsüber, und nachts ängstigt er sich vor der Gewalt der Stummheit, die das ganze Weltall füllt, auf Erden Gedanken erschlägt, sodass der Gedanke und die Stummheit nicht mehr zueinanderfinden, keine Worte mehr zeugen und gebären. Sie könnten trotzdem versuchen, das zu tun, was sie für das einzig Richtige halten, doch fürchten sie sich vor dem nachfolgenden Beweis.

Sie ahnen, warum die Alten in den Gängen der Pflegestation nebeneinander in einer Reihe sitzen, ins Leere schauen, nichts mehr reden, von morgens bis morgens nichts, nachts stösst eine manchmal Schreie aus, bedeutungslose, das Personal ist sich daran gewöhnt, die Schreierin hat noch jedes Mal damit aufgehört, und nachts geht eine, drückt die Türfalle jeden Zimmers, falls das Personal nicht vergessen hat, die Schlafstätten abzuschliessen, geht sie hinein, steht im Dunkeln, horcht auf die Atemzüge, das Schnarchen, das Röcheln, das Knarren, das Pfeifen, geht von Zimmer zu Zimmer, falls eine Schläferin aufwacht, sagen würde, gehen Sie in Ihr Zimmer zurück, Frau Weber, Sie haben sich verirrt, geht sie unhörbar hinaus, ist in den Gängen auf der Suche nach einer unverschlossenen Tür, bis die Nachtpflegerin ihr begegnet, sie in das ihr zugehörige Bett bringt und nicht vergisst, sie einzuschliessen.

Wieder einmal ist der Beweis ausgeblieben, die Verzweifelten schwören, sich nicht mehr zu fürchten, vergeblicher Schwur, sie müssen sich immer wieder andere Nischen schaffen, um dem Beweis zu entgehen. Zuflucht finden sie wahrscheinlich keine mehr. Sie ahnen, dass diese kleine Geschichte, die keine ist, nirgendwo Verständnis, keinen Adressaten findet.

***

Higgs

Merkwürdig, sehr merkwürdig, dass nicht nichts ist. Obwohl wir das Nichts weder phantasieren noch uns vorstellen können, haben wir ein Wort dafür. Warum gibt es ein Universum, ein Weltall, Galaxien, Sonnen, Sterne, eine Erde mit Lebewesen, die sich wahrnehmen, sich verbinden, sich töten oder sonst wie sterben, gezeugt, geboren werden, warum gibt es Natur, gibt es Kultur, warum gibt es Freude, Schmerz, Lebensfreude, Lebensschmerz, warum Musik, Sprache, Kunst, Schönheit, warum ist die dauernde Evolution, die Entropie, dauernder Neuanfang, warum sind die Wissenschaften nie zu Ende, müssen von Rätsel zu Rätsel, warum ist der Mensch nie am Ende seiner Entwicklung, sein Hirn in dauernder Veränderung, warum sterben Tiere aus, andere passen sich an, warum gehen Kulturen, Religionen, Völker unter, andere entstehen. Alles, was ist, ist schon wieder nicht, schon wieder anders, warum wächst ein gebrochenes Sprungbein wieder zusammen, und einen dritten Zahn gibt es nicht, warum sterben die einen früh, die andern spät, warum schlägt ein Glück in Unglück um, und aus dem Unglück kommt Glück, warum ist der Himmel blau und nicht grün, warum gibt es Naturgesetze und die Quantenunschärfe.

Es gebe im neuerbauten Large Hydron Collider bei Genf die Suche nach dem «Teilchen Gottes», wie es von verschiedenen Physikern aus aller Welt genannt werde, die Suche nach einem Mysterium der Physik, dem kleinsten Elementarteilchen, dem unerforschten

Kraftfeld Higgs, benannt nach einem englischen Physiker, der imstande gewesen sei, es theoretisch, das heisse mathematisch, nachzuweisen. Ein Elementarteilchen, welches mit Higgs-Bosonen das Universum ausfülle, allen Dingen und Lebewesen ihre spezifischen Massen verleihe, dafür sorge, dass alles zusammenhalte, nie auseinanderfalle und im Weltall unauffindbar verschwinde.

* * *

Doppelstrich

Gegen Ende des Lebens diese Sehnsucht! Von der wir genau wissen, dass sie nie mehr erfüllt sein kann. Von der wir nie wissen, was sie ersehnt. Sehnsucht altgewordener Menschheit, die Sie, Unbekannter, als den Unsterblichen, ewig Schöpferischen erschaffen hat als das Ziel dieser Sehnsucht. Ist Sehnsucht verwandelter Lebenstrieb, der, obwohl er mit nahendem Tod immer schwächer werden muss, uninteressierter an allem, was die Welt mit Getöse füllt und bewegt, stärker wird, zusehends störrischer? Sehnsucht, aufgebläht wie ein Ballon, bestimmt, erst in der letzten Stunde zu platzen, sanft herunterzuschweben als lästiger Abfall, von gleichgültiger Nachwelt zu entsorgen. Sehnsucht, immer noch ohne zu findendes Ziel, vergebliche Sehnsucht, vergeblich wie alle menschlichen Leben, die, wie in Todesanzeigen beschworen, unvergessen in den

Herzen der noch Lebenden weiterleben sollen, von der Ewigkeit her gesehen für eine Sekunde nur, um dann sofort vergessen zu sein, vergessen zu bleiben. Gegen Ende des Lebens diese Sehnsucht, die alle Massen sprengt, nicht weiss, warum sie da ist, einfach da ist, nicht weiss, warum, nicht weiss, wohin, ein Wort ohne Buchstaben und doch mit der Wirksamkeit des Unaussprechbaren. Ist sie das Einzige, was uns schliesslich noch am Leben erhält, wenn jeder Schluss erkannt, die Doppelstriche gezogen, alle Abschiede geleistet sind?

* * *

Erzählen

Was? Nichts. Ewigkeit. Unsere, meine, ihre Ewigkeit. Unbegangenes Land. Versunken. Jederzeit aufrufbar. Komm noch einmal, komm. Der Flieder, die Holzbank, der Aprilwind, die Grotte, die Zwergföhren, die Steinbrocken, die blau-gelb-rotbuschigen Erstblüher, der Moosrasen, die Tulpen, die Birke, die Schwertlilien, die Zierkirschbäumchen, die Rosenbäumchen, die Kieswege, die Steinnelken, der Mohn am weissen Lattenzaun, die Heufuhren, der Sommerglast, die Sommergewitter, das Unkraut, die Schattenmauer, die Nordgrenze, das Birnenspalier, die Frühlingsbeete mit den Setzlingen, die Blumenbeete, Rosen, Gladiolen, Zinnien, Astern, der sommerliche Beerenreigen, Erdbeeren,

Johannisbeeren, Himbeeren, Brombeeren, Stachelbeeren, die Weichseln, die herbstliche Traubenlaube, der Brunnentrog, die schweren Apfelbäume, die Blaukabisgrube, die Südgrenze, die niederstämmigen Birnbäume, das Pfirsichspalier, der Alpruf, der Herbstföhn, das Terrassenweinlaub, schwarzweisse Winternacht, in der Mitte das Haus, das Haus, das einzige, von weitem zu sehen, unvergessen, stattlich, körnig-hell, der Erker, die grüngrünen Fensterläden. Was noch? Alles. Unsere, ihre, meine zerstörte Ewigkeit. Nie zerstört, muss sie erzählt sein. Ihnen, mir erzählt. Jedes Wort Erinnerung. Sonne, Duft, Geruch, Erde, Farbe, Wind, Blut, Staub. Neue Lust, alte Träne.

***

In Kreisen

Ist Gier nach Geld die Gier nach Glückseligkeit, und ist die Gier nach Glückseligkeit, nachdem alles, was mit Geld zu kaufen ist, durchexerziert, die Gier nach Glückseligkeit nur für Momente gestillt, um wiederum mit grosser Regelmässigkeit nicht gestillt zu werden, womit die Gier nach Glückseligkeit aus Notwendigkeit oder Verzweiflung zur Gier nach einer ewigen Glückseligkeit werden kann, jedoch rasch wieder pervertiert zu einer Gier nach Geld, weil die Pforte zur ewigen Glückseligkeit verschlossen bleibt, nur durch vage

Möglichkeit zu haben wäre und nie sofort, erst ungeheuer viel später, erst nach dem Ende von Gier und Habe, Lust und Vergnügen, dazu noch durch eine Art von Geisteskrankheit, die von den Religiösen Glauben genannt wird, und Glauben nie Wissen bedeutet, sondern ein Glauben an ein Unbeweisbares ist, mit andern Worten: das Religiöse keine Lösung des Problems darstellt, sondern selbst ein komplizierter Teil des Problems ist, bleibt die Gier nach immer mehr Geld, nach mehr Habe, mehr Lust und Vergnügen untrennbar, unlösbar mit dem Menschen verbunden, einem Menschen mit dem Dauerdrang nach nicht erschöpfbarer, doch immerzu unerreichbarer ewiger Glückseligkeit. Ausser: Er verlustiere sich endgültig mit dem Käuflichen, verdränge erfolgreich seine anderen Bedürfnisse, bis er diese nicht mehr spürt. Ausser: Es befreie ihn der Tod von allen Bedürfnissen. Ausser: Der Mensch wage das Wagnis eines unbeirrbaren religiösen Glaubens, was ihn alsogleich mit anderen Krisen noch schwerer beschwert. Denn Ratschläge sämtlicher Professoren beiderlei Geschlechts, wie aus der Menschenkrise, der Finanzkrise, der Weltwirtschaftskrise, der Hungerkrise, der Klimakrise endgültig herauszukommen, nie wieder hineinzustürzen wäre, alle die Vorschläge gesammelter Professorenschaft, zwar unterhaltend, erfreulich, langweilend oder entspannend, sind verurteilt, vorerst wirkungslos, dann für lange Zeit vergessen zu sein.

Oben wie unten wie in der Mitte, im Makrokosmos, im Mikrokosmos, im Menschengeschlecht geschehen die Bewegungen in kreisenden Kreisen, elliptischen Ellipsen. Bewegungen mit unvorhersehbar kleinen Veränderungen, später Revolutionen genannt. Eine andere

Ebene der Bewegung wird gefunden, endet in einer Nicht-Bewegung. Bis wiederum und bis zum Ende aller Zeiten, aus der Not der Verzweiflung, auch den Trieben des Menschengeschlechts folgend, der Glaube an nicht beweisbare ewige Glückseligkeit, als archaisch unsichtbares Fabeltier, das Gestösse weiterstösst.

***

Taub

Welche Frage! Welch schöne, unüberbietbar elegante, unsterbliche Frage: «Wer, wenn ich schriee, hörte mich denn aus der Engel Ordnungen?» Wer hört die Schreie Nietzsches in den schlaflosen Nächten seines Wahns, wer die Schreie Stifters, bevor er sich die Messerklinge durchs Fleisch zieht, wer hört die Schreie derer, von denen niemand spricht noch etwas weiss, wer die Schreie der Gefolterten, Verhungernden, Verbrennenden, wer die Schreie aus den Siechenhäusern, wer hört die lautlosen Schreie der lächelnd-sanften Blinden in ihrer ewigen Nacht, der Gelähmten, die ihren Kopf halten, als falle er demnächst vom Hals? Die Welt voller Schreie – die Ohren der Schreienden und Nichtschreienden von diesem markerschütternden Lärm taubgeschlagen längst –, sodass die Welt wie in Herbstlicht gehüllt empfunden wird, wie von der feierlichen Stille eines Berges überstülpt, in jener samtenen Lautlosigkeit, die kurz vor dem Todessturz eingetreten ist. Wer hört die vereinigten Schreie, die, mit gewaltigem Getöse ohne Widerhall im Weltenraum unhörbar geworden, sich wieder sammeln, von neuem aufsteigen, um plötzlich gelöscht zu sein? Nicht Sie, Sie nicht, Sie hören nicht den Schrei derer, die ihren Tod begrüssen, als dem grössten Erschaffer lebensvollen Nichts, als den Erlöser aus den Qualen des Etwas. Von dem sie nie genau wussten, was es war. Dieses Etwas, war es ein dröhnender Schmerz, war es die endlose Stille eines Baumes, von dem in einer einzigen Nacht das Laub gefallen.

* * *

Nur dieses eine

Das monatelange Leiden einer Krebskranken, das Leiden eines geliebten, noch nicht alten Menschen, das uns in die Flucht getrieben, mit Schuldgefühlen wieder herangezwungen hatte, das Leiden, das uns ins Angesicht stach, ins Herz stach, bis Gesicht und Herz eine Kruste bekamen, das monatelange Ersehnen eines Todes, ein geheimes Ersehnen, Heilung nicht mehr möglich, das durch die Kranke selbst geheime Hinauszögern des Ersehnten, das Leben, ihr Leben noch lange nicht zu Ende gelebt, die Befehlshaber in Weiss noch nicht zur totalen Schmerzbekämpfung befähigt, es gab noch Bedenken grausamster Art, die Furcht vor möglicher Drogensucht als Begründung des Neins zur Morphiumgabe, die Freiheit des Menschen zu sterben, wann er es wünschte, noch undenkbar, noch war er in den Ketten der Lebenserhaltung um jeden Preis; das monatelange entsetzliche Leiden einer Krebskranken, deren Leben, nach Aussagen des Arztes, weit über die prognostizierte Lebensdauer hinausgegangen war mit einer medizinisch nicht erklärbaren Weiterdauer der Atemfunktion, die, nach Aussage der Kranken, noch andauern würde, weil sie Gott noch nicht verziehen habe; das monatelange Leiden einer Krebskranken mit unerklärlich langer Agonie, aus der sie immer wieder erwachte, über starken Durst klagte, obwohl sie an Schläuchen hing, dieser Durst, der nicht gestillt werden konnte wegen der möglichen Gefahr des Erstickens, die Schluckbewegungen des Gaumens, der Speiseröhre funktionierten nicht mehr; das Leiden einer Krebskranken, unerträglich für die am Krankenbett Sitzenden, das stumme, entsetzliche, endlose Leiden der Kranken, wie sie es selbst, für uns erschütternd, klaglos, erlebte, das ist es, das, was wir erklärt haben wollen, erklärt und begründet, sofern Sie – als der von der Leidenden mit dem Namen Gott Angesprochene, mit ihrem einzig legitimem Recht auf den Ruf Ihres Namens, sofern Sie – hören Sie es – zu existieren beliebten. Nur dieses eine Leiden ist es – das der übrigen Menschheit ist uns so fern wie egal – was wir disputiert und – sofern Sie existieren – erklärt und begründet haben wollen. Nichts sonst. Nur dieses eine. Vergebliche Hoffnung? Aller Vergeblichkeiten unvergebliche Hoffnung.

***

Reden

Sie seien kein personales Wesen, sondern ein kosmisches Prinzip, meint ein Philosoph, dessen Hauptanliegen die Formen des Glücks sind. Wie aber mit einem Prinzip reden? Eines unserer naiven Bedürfnisse ist nun einmal das Reden, auch wenn wir schon längst wissen, dass auf unser Reden, Fragen, Vermuten keine direkte Antwort erfolgt, im besten Fall eine indirekte, es geschieht eine Art von seltsamer Stille, in der wir uns, wir schämen uns nicht, es zu sagen, bestätigt fühlen. Es geschieht das Glück des Formulierens, das Glück eines kleinen kreativen Aktes. Wir bekritzeln ein Papier mit Sprache, das heisst mit dem, was unser Hirn, unser Lebendigsein hervorbringt. Unsere Produktionsmöglichkeit ist äusserst beschränkt und jämmerlich. Die Menschheit hat in Millionen von Jahren Erstaunliches hervorgebracht und weiterentwickelt, hat das Antlitz der Erde total verändert, bis zur Zerstörung verändert, und mit der Erde wurden auch die Menschen selbst in stets rascherer Abfolge verändert. Die Lebensstile der Generationen gleichen sich immer weniger. Doch nie wird es Wissenschaft und Technik gelingen, auch nur einen einzigen lebendigen Wurm zu erschaffen. Ein Tier, eine Pflanze, die ausgestorben ist, ist mit seiner und ihrer Besonderheit, mit ihren Einmaligkeiten für immer dahin. Das Leben, das Lebendige liegt ausserhalb jeder Menschenkraft. Ob wir Sie nun als kosmisches Prinzip denken, als höchste Macht, als personales Wesen oder als nicht mehr existierenden

Gestorbenen, es ändert nichts. Sie bleiben absolut ausserhalb unserer Beurteilung. Im eigentlichen Sinn können Sie weder geglaubt noch bezweifelt werden. Ein Einziges vielleicht könnte uns gelingen: Uns zu bedanken, dass wir geboren wurden, zu danken für die Schönheiten, die in der Natur, in der Musik, der Sprache, der Kunst zu finden sind, auch wenn wir nicht wissen, bei wem wir uns bedanken. Wir könnten schlicht Sie loben für die Herrlichkeit des Lebens und dass wir fähig sind, glücklich zu sein. Wenn wir auch von Zeit zu Zeit in Trauer fallen, wenn wir auch von Zeit zu Zeit unser Leben dahinbringen wie Schwachsinnige. Ein anderes gelingt uns manchmal auch, ob es uns bewusst ist oder nicht: Mit Ihnen als dem immerwährenden Abwesenden und paradoxerweise nie ganz Abwesenden zu reden mit unseren gebräuchlichen Worten. Die tönen oft als langweilender Singsang, als Selbstgespräche von Irren. Als gregorianischer Choral aus einem versunkenen Kloster? Es gelingt uns, mit Ihnen zu reden mit Worten ohne Klang. Mit Symbolen. Mit Runenzeichen.

* * *

Simulation

Lebensenergie, Libido genannt, Triebkraft, Sexualität, Zellerneuerungsfähigkeit, Wissbegierde, Hirnkapazität, Fitness, alles, was den Menschen in seinem besten Alter auszeichnet, vermindert sich in der letzten Lebensphase. Das ist die alltägliche Erfahrung der Altwerdenden, was natürlich ist, zugleich höchst beunruhigend und furchtbar ist oder furchtbar erscheint. Diese Erfahrung ist oft mit einem seltsamen Phänomen verbunden – wenigstens solange die Fähigkeit des Bewusstseins, des Wahrnehmens des eigenen Lebens funktioniert –, verbunden mit einem Gefühl, irgendetwas sei in uns ohne Alter, sei der Zeit enthoben. Was ist dieses Etwas? Ist es das, was wir mit dem Wort Geist bezeichnen? Oder, ähnlich der christlichen Religion, mit dem Wort Seele? Bleibt die Seele immerzu begehrend, wünschend, hoffend, als sei sie auf eine Unsterblichkeit ausgerichtet, und das mit scheinbar ungebrochener Kraft? Oder steht alles, was in uns ist und lebt, unter dem Gesetz des irreversiblen Energiezerfalls, und wir bemerken es bloss nicht. Selbst Sterbende hoffen noch auf Besserung ihres Zustandes. Sterben sie, sobald sie nichts mehr erhoffen? Flöge dann die Seele durch das offene Seelenfensterchen weg? Da die Spitäler diese Einrichtung nicht mehr haben, müsste die Seele durch Mauern fliegen. Bei Menschen, die im Freien sterben, flöge sie nach oben. So der Glaube. Der Glaube liebt es, soweit es ihm möglich ist, im Bildhaften zu bleiben. So glaubt der Glaube, dass die

Seele nach oben, keinesfalls nach unten fliegt, von alters her befindet sich das Erstrebenswerte oben, obwohl wir seit geraumer Zeit wissen, dass das Universum kein Oben oder Unten hat, ein unermesslicher, in alle Richtungen sich ausdehnender Raum ist. Jedoch, und das fragt der Glaube, können wir denn noch glauben, dass das wahr ist, was wir zu wissen meinen? Unser Wissen, seit Beginn der Zeitrechnung, vermittelt unter anderem von dem, was wir Wissenschaft nennen, beruht auf Beobachtung und Berechnung, also auf Augenschein und Mathematik von forschenden Menschen, später auf virtuellen, nur indirekt mit Hilfe ausgeklügelter Maschinen beobachtbaren Lichterscheinungen. Virtuelle Realität wird im Wörterbuch erklärt mit: vom Computer simulierte Wirklichkeit, künstliche Welt, in die man sich mit Hilfe der entsprechenden technischen Ausrüstung scheinbar hineinversetzen kann. Wer, der nicht selbst Wissenschafter ist, nicht in einem Spezialisten-Team arbeitet, kann auch nur ein klein wenig all das angehäufte Wissen nachprüfen, das heisst selbst erleben?

Jene Menschen, die nicht an wissenschaftliche Forschungen glauben, die glauben, dass ein Schöpfer, schön der Reihe nach, innert sieben Tagen, die Welt erschaffen habe, die immer noch an die Paradiesesgeschichte glauben, genau so wortwörtlich, wie sie phantasiert wurde, Menschen, die Darwins Evolutionslehre nicht glauben, welche die Ansichten über Welt und Mensch total veränderte, eine Lehre, gestützt auf reale Objekte, die Darwin auf dem Forschungsschiff Beagle entlang der südamerikanischen Küste sammelte, sezierte und in Spiritus einlegte – unzählige Kisten von Darwins Sammelsucht sollen noch ungeöffnet im Londoner Naturwissenschaftlichen Museum lagern –, jene, die glauben, dass der Evolutionsgedanke falsch war, Darwin ein Lügner war, also jene, die von den andern, welche es scheinbar wissen, betrachtet werden als Trottel, als bildungsresistente Demente, jene Menschen sind oder scheinen alle noch im bildhaften Mythos steckengeblieben zu sein. Wer könnte es ihnen verargen. An ein Wissen glauben bringt freiheitliche und beschwerliche Unruhe, endlos neue Zweifel. Ist dieses Wissen nur vorläufig oder ewig?

Welche Scheinbarkeit, welche Virtualität bevorzugen wir, die in Spiritus konservierte, durch Computer geflimmerte, oder die Simulation, verstanden als die falsche Nachahmung eines Mythos, dessen Symbolhaftigkeit verneint wird? Was ist wahr, was ist Täuschung? Wissen hiesse Nichtglauben. Wissen würde heissen, selbst auf einem Schiff einer Küste entlangfahren, Anker werfen, aussteigen, beobachten, sammeln, sezieren, zeichnen, Tagebücher führen, vergleichen, sich an alte Funde, an Versteinerungen erinnern, wissen hiesse ermüden, hiesse leiden und das Leiden aushalten. Und dann von einer Gesamtschau überwältigt werden. Die als bewiesen, von der ganzen Welt anerkannt werden muss. Wem ist es möglich, noch ein Darwin zu sein? Wem ist es möglich, in theoretischer Physik zu doktorieren, im Computerraum vom Cern vor Bildschirmen sitzen, inmitten von professoralen Spezialisten aus aller Welt, die alle denselben Bildungsausweis, dieselbe Sprache, dieselbe Gedankenwelt haben, auf das mysteriöse Teilchen Higgs zu warten, das noch nicht bewiesen ist, nur dringend gesucht, in einer mathematischen

Formel gesucht, welche die Theorien über die Weltentstehung weiterbringe, durch einen Physiker mit Namen Higgs schon visionär eingesetzt, auf seine Entdeckung in eben diesem Cern harre, ein Teilchen, das innert dem millionsten Teil einer Sekunde nach dem Urknall entscheidend gewesen sei bei der Entstehung der Materie. Millionster oder milliardster Teil einer Sekunde? Egal, die Vorstellungskraft der Wisser und Nichtwisser versagt, versagt auf allen Ebenen. Lebensenergie, einst Seele genannt, versagt nicht. Sie ist. Sie ist, ob wir naiv an sie glauben oder ob wir weder an sie glauben noch von ihr wissen.

***

Sonderbarer Morgen

Sobald, von unsichtbarer Hand, die farblose Fahne aufgezogen, die Musik des Lebens ihrem Schlussakkord sich nähert – Musik, die wir, als sie noch im Hintergrund ertönte, kaum mehr wahrgenommen hatten, so sehr waren wir an sie gewöhnt –, sobald der Fluss zu einem Rinnsal versandet, kein Rauschen mehr uns betäubt, die Buchstaben aus den Wörtern fallen und wir sie erschrocken, vertauscht, leer und reizlos finden, sobald wir merken, wie wenig die Jugendwelt uns noch interessiert, wie wenig noch die rasende, lärmige, hackende Industriewelt, wie gering die technisierte, virtuelle Welt, wie noch geringer die gierige Konsumwelt, wie überhaupt nicht mehr die rasch gezündeten, rasch überholten Namenlisten der Sieger, sobald wir, kurz gesagt, realisieren, dass uns die gewohnte Welt abhandengekommen ist, dann, erst nach diesem Entsetzen, diesem Schwindelanfall, scheint uns ein sonderbarer Morgen zu dämmern, nur von uns erkannt, von uns, die nur noch Abenddämmerung um sich sahen.

Ist es blosser Glaube, oder ist es Wirklichkeit? Sobald wir den überall käuflichen Trost für Weltanschauungs-Verluste verschmähen, ist etwas, was ist es – blosser Glaube oder Wirklichkeit? –, ist etwas, was vorerst ohne feste Bezeichnung, ohne Symbol auskommt und vorerst, für unbestimmte Dauer, keinen unserer Flüche verdient, sondern blosse Neugier. Ist es eine frische Neugier für etwas, was sich noch ergibt? Interesse für das, wozu wir – jenseits einer Welt, die wir nicht mehr benötigen – nicht noch fähig sind, sondern erst noch fähig werden? Sang- und klanglose Geheimnisse, die weder Beifall brauchen noch fordern, formen sie von nun an den rissigen Grund unseres Hierseins?

* * *

Zerrissen

Und immer wieder dieser Walzer. Alles will tanzen. Mitgerissen in schwingenden Taumel. Seliger Augenblick geschlossner Lider. Der Kopf schwindelt. Brechreiz im Magen. Füsse stolpern. Es tanzt das Herz. Im Arm der Erinnerung tanzt das Herz. Tanzt in des Körpers Gedächtnis. Erloschen erst im Moment des Sterbens.

Und immer wieder dieser Walzer. Mitgerissen in zeitlose Leichtigkeit. In schwindelnde Lebenslust. Der Fuss wankt. Das Herz kippt. Im Kopf poltert Gewicht. Das Gedächtnis versinkt.

Und immer wieder dieser Walzer. Er fliesst in uns ein. Wir bergen den Kopf in der Hand. Fühlen ein Lächeln. Bleiben sitzen, wie wir immer sitzen. Schwer und leicht. Abschied und Glück.

Nun ist er zu Ende.

Wann ist er zu Ende. Wenn er zu Ende ist, was ist zu Ende. Wer weiss es. Auch Sie wissen es nicht. Sie wissen nichts von uns.

Ist das Papier zerrissen. Ja, es ist. Zerrissen ist es. Und ein anderes? Finde es!

***

Ohne Titel

Wenn Sie wüssten, wie wir Sie verabscheuen, hassen, fürchten, Sie verehren, Sie erfinden, erglühen lassen, wenn Sie wüssten, wie wir Sie loben, bezweifeln, betrauern, beschützen, wie wir Ihnen danken, wenn Sie wüssten, wie wir Alten uns nach dem Ausgelöschtsein sehnen, zugleich aber, aber zugleich nach Neuanfang, einer Welterschaffung, die alles überspringt, was war, und von der unsere Ahnungen total versagten, wenn Sie wüssten, wie wir uns nach einem Leben ohne Erschöpfung sehnen, ohne Dürre, ohne Verabschiedung, ohne Illusionen, wie wir nach Erkenntnis all dessen gieren, was wir nie verstanden haben, auch noch nach dem, was nach unserer Lebenszeit geschehen wird, wie wir die zweite, dritte Schöpfung zu erleben wünschen, auch wie sie schliesslich in Wahrheit sein würde. Wenn Sie wüssten, wie wir alles Lebendige lieben, keinen Trost wollen, weder einen lügnerischen noch einen schmiegsamen, wenn Sie wüssten, wie wir nicht nur viel begehren, sondern alles, das Ganze. Wenn Sie wüssten, wie wir uns fürchten vor den endgültigen Abschieden, vor dem Transport in eine Besserungsanstalt, einem Aufwachen im Wachsaal, dass wir uns bald zu befreunden haben mit dem Wissen, dass wir nicht mehr zu retten sind, auch nicht mit den neuesten, aufwendigsten, quälerischen Hilfsmitteln, jetzt nur noch die lange Qual des Gepflegtwerdens zum Tod übrig bleibt. Wenn Sie wüssten, um uns wüssten, um unsere Ängste, die wir verschweigen, immer schon verschwiegen haben, bis sie in eine Panik ausbrechen, die alsogleich intravenös in den Untergrund vertrieben sein wird, wo sie heimlich nächtlich uns aufstörte, heimlich nächtlich uns langsam verwandelte in die Müdigkeiten aller Lebewesen, die schwankend enden auf irgendwelchen Erden.

Wir wissen mit unserem Menschenwissen, dass wir Sie nicht um Hilfe anflehen können, und doch tun wir es von Zeit zu Zeit voller Zuversicht, die wir ebenso gut Verzweiflung nennen könnten, wir wissen zur gleichen Zeit, dass Sie all das und wahrscheinlich mehr von uns wissen und zugleich nie wissen werden. Ausser es gelänge uns, unser Scheinwissen aufzugeben, zu stürzen in einen geistigen Abgrund, in dem wir wortlos stürben, ohne Hoffnung besinnungslos hoffend.

* * *

Rückkehr

Wir sind nicht fähig, allein zu sein. Unaufhörlich gezwungen, es zu sein, erfinden wir Menschen, weil sie uns nicht genügen, erfinden wir Sie, als göttliches Wesen, von dem wir annehmen, es erschaffe uns, meine uns, beachte uns, kümmere sich um uns und verleihe uns, nach der unvorstellbaren Vernichtung durch den Tod, unvorstellbar ein anderes Leben. Sonderbarerweise hat dieser Wahnsinn nicht umzubringende Methode, mit ihm hegen wir tröstliche Vorstellungen. Bis wir mit Entsetzen bemerken, dass wir unserer Einbildungskraft zum Opfer gefallen sind, dieses Entsetzen erweckt in uns Trotz, auch Wut, mit denen wir mit einer Art von gesättigtem, grimmigem Realitätsbewusstsein den Tod annehmen als das, was er ist: Vernichtung. Wenn es schon kein irgendwie geartetes göttliches Wesen gibt, dem wir nicht gleichgültig sind, dann ist es auch egal, dass wir einmal nicht mehr sind, vollumfänglich vernichtet bleiben, jede Lust, jeder Schmerz dahin ist, alles dahin, Aschenreste eines Feuers, das unsere Leiber, unser Hirn, Ichbewusstsein, Erkenntnis, Erinnerung, Gefühle, Taten, kurz: das Gelebte, Geleistete, Versäumte, Nichtgelebte, ob schön oder hässlich, richtig oder falsch – verbrennen musste. Wir fühlen uns, nach einer scheinbaren Annahme des Todes, merkwürdig genug, für einen Moment wie erleichtert, wie in unbeschwerter Freiheit. Der Freiheit, den Zeitpunkt unseres Todes selbst wählen zu können, wenn die Last des Alters zu gross, zu schmerzlich ist. Ihn nicht heranschleichen zu hören, weiterhin sinnlose Demütigungen, sinnloses Leid zu ertragen, ihn, der ja sowieso einmal kommen muss und nie fragt, ob er eintreten soll.

Ach Sie, Unfassbarer, Nieerkennbarer, sich uns Entziehender, warum flehen wir Sie an, zu sein, zu sein. Sie allein gäben unserem Leben Dauer und Sinn. Ob wir Sie erschaffen oder nicht, ob wir Sie lieben oder hassen, vernachlässigen, vergessen, ob wir, überwältigt von einem jäh hereinstürzenden Erlebnis, glauben, an Sie zu glauben, Sie müssen uns die Gnade geben, zu sein. Die Gnade geben, an einem Wahnsinn festzuhalten: Dass wir leben, einzig wegen Ihres liebenden Blicks auf uns.

Das mit dem Liebesblick Gottes war ein Gedanke eines Religionsphilosophen, an den sich Isa in diesem Moment erinnerte, eines einst viel gelesenen, den sie in ihrer Jugend bewundert und verehrt, dann vergessen hatte. Und nun war es, als ob dieser längst Gestorbene mit diesem seinem Gedanken zurückkehrte. Welch ein Wagnis, es mit diesen Worten zu sagen, es genau so unsentimental stark zu sagen. Denn was ist unzuverlässiger, zweifelhafter, schwieriger zu deuten als ein Blick? Und wer denn als ein von Melancholien Geplagter hätte über die seltene Gabe eines Trostes, der keine Tröstung sein wollte, verfügt? Sie begann in der Menge ihrer Bücher nach den seinen zu suchen, nach der Klarheit und dem Mut eines Geistes, dem Süden des Lichts.